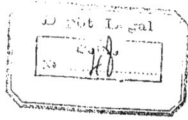

Œuvres de Rabelais

TOME PREMIER

OEuvres

DE

RABELAIS

Édition conforme aux derniers textes revus par l'Auteur

Une Notice et un Glossaire par Pierre JANNET

Illustrations de A. ROBIDA

TOME PREMIER

PARIS

A LA LIBRAIRIE ILLUSTRÉE

7, rue du Croissant, 7

LIVRE PREMIER

LA

Vie treshorrifique

DU

Grand Gargantua

PERE DE PANTAGRUEL

Jadis composée par **M. Alcofribas**

ABSTRACTEUR DE QUINTE ESSENCE

LIVRE PLEIN DE PANTAGRUELISME

MDXLII

François Rabelais

La biographie de Rabelais est en partie authentique, en partie traditionnelle ou légendaire. Un certain nombre de faits, que d'actives recherches multiplient chaque jour, reposent sur des documents et sur des témoignages contemporains. Un plus grand nombre ont été produits tardivement, offrent peu de certitude et continuent, pour ainsi dire, le roman rabelaisien dans la vie de son auteur. Nous allons nous attacher exclusivement à ce qui forme la biographie authentique de Rabelais.

1490

Rabelais est né à Chinon. On ne sait pas la date précise de sa naissance, qu'on a fixée en 1483, en 1490 et en 1495. La date de 1490, donnée par Guy Patin, est celle qui nous paraît devoir être adoptée de préférence, jusqu'à ce qu'on découvre quelque renseignement décisif à cet égard.

1519-1524

L'existence de Rabelais est saisie pour la première fois dans un document contemporain en 1519. Un acte d'achat de la moitié d'une auberge à Fontenay-le-Comte, par les religieux franciscains du couvent de cette ville, passé le 5 avril de cette année, porte les signatures d'une douzaine de moines et entre autres celle de François Rabelais. Ainsi le futur auteur de *Gargantua* et de *Pantagruel* nous apparaît d'abord sous le froc du frère mineur ou du cordelier. Par sa supplique au pape Paul III, Rabelais nous apprend, en effet, qu'il avait reçu, dans cet ordre, la prêtrise et exercé les fonctions sacerdotales.

Rabelais, pendant qu'il était dans ce couvent, se livra à de grands travaux d'érudition, voilà qui est encore certain. Il apprit le grec, étudia le droit, acquit des connaissances en histoire naturelle et en médecine, et se pourvut enfin de cette science encyclopédique à laquelle prétendaient les docteurs de la Renaissance. Il y avait là, dans ce monastère de Fontenay-le-Comte, quelques moines studieux comme Rabelais ; l'un d'eux, Pierre Amy, était en relations avec le célèbre helléniste Guillaume Budée. Rabelais, par le moyen de son confrère, entre en correspondance avec ce haut personnage. Deux lettres de Budée, l'une presque entièrement grecque, l'autre grecque et latine, lui sont adressées personnellement ; et de plus, quand Budée écrit à Pierre Amy, il ne manque pas d'ajouter un mot à l'intention de Rabelais : « Saluez de ma part votre frère en religion et en science Rabelais, » ou encore : « Adieu, et saluez quatre fois en mon nom le savant et gentil Rabelais, ou de vive voix, s'il est près de vous, ou par missive, s'il est absent. »

Les doctes religieux de Saint-François avaient, en outre, des amitiés assez considérables, soit dans la ville de Fontenay, soit dans la province. Ils formaient une société étroite avec André Tiraqueau, juge, puis lieutenant au bailliage de Fontenay, avec Aimery Bouchard, président de Saintes, et faisaient cause commune avec les savants que le jeune évêque de Maillezais, Geoffroy d'Estissac, leur voisin, se plaisait à réunir autour de lui. Dans ces années de 1520 à 1524, Rabelais sort à nos yeux de l'obscurité qui l'a environné jusqu'alors. Il figure très honorablement dans ce groupe d'érudits. On le cite avec de constants éloges. Une controverse s'élève entre Bouchard et Tiraqueau à propos d'un traité de ce dernier *De legibus connubialibus*. L'autorité de Rabelais est plusieurs fois invoquée par ces jurisconsultes. Tiraqueau cite une traduction du premier livre d'Hérodote que Rabelais avait faite et il parle de lui en ces termes expressifs : « Homme, dit-il, d'une habileté consommée dans les langues latine et grecque et dans toutes les sciences, au delà de ce qu'on attendrait de son âge et en dehors des habitudes, pour ne point dire des scrupules excessifs de son ordre. »

Ces scrupules excessifs *(nimia religio)* qui régnaient dans l'ordre ne tardèrent pas à susciter des persécutions aux savants cordeliers. L'étude du grec était alors suspecte aux théologiens ; elle indiquait une tendance à la rébellion de l'esprit et aux idées de la Réforme. Les supérieurs de l'ordre voulurent sévir contre l'hellénisme de Pierre Amy et de Rabelais. Des perquisitions furent faites dans leurs cellules. Livres et papiers furent confisqués. Les deux religieux se cachèrent et écrivirent à Guillaume Budée, qui était le protecteur naturel de tous les hellénisants, pour lui demander son appui. Les lettres que ce savant adresse à Pierre Amy et à Rabelais réduisent toute cette affaire à ses véritables proportions. Avant d'avoir eu besoin d'user de son influence en leur faveur, il a appris que l'orage s'est calmé : les persécuteurs ont renoncé à leur entreprise, lorsqu'ils ont été avertis qu'ils se mettraient en opposition avec des personnages éminents et avec le roi lui-même. Les livres confisqués ont été restitués à leurs propriétaires et ceux-ci rétablis dans leur tranquillité et leur liberté première.

L'évêque de Maillezais avait eu probablement la plus grande part à cette pacification. Il trouva un moyen de soustraire définitivement Rabelais à ces vexations : il obtint du pape Clément VII un indult qui autorisait celui-ci à passer de l'ordre de Saint-François dans l'ordre de Saint-Benoît, et du couvent de Fontenay-le-Comte dans l'abbaye de Maillezais.

1524

Rabelais devint alors l'hôte et le commensal habituel de Geoffroy d'Estissac. Il noua de nouvelles et honorables relations, notamment avec Jean Bouchet. Il demeura à Maillezais plusieurs années, puis, rejetant le vêtement monastique et prenant l'habit de prêtre séculier, il s'élança à travers le monde, *per abrupta seculi.*

1530-1531

Il est à Montpellier en 1530. Il se fait inscrire sur les registres de la Faculté de médecine le 16 septembre de cette année, et, le 1ᵉʳ novembre suivant, il est promu au grade de bachelier, ce qui prouve qu'il était arrivé en cette ville armé de toutes pièces, et qu'il n'avait qu'à obtenir pour ses connaissances acquises la consécration des diplômes officiels. A la fin de cette année et au commencement de l'année suivante, il fait avec beaucoup de succès un cours public sur les Aphorismes d'Hippocrate et sur l'*Ars parva* de Galien. Pendant son séjour à Montpellier, il prend part, ainsi qu'il nous l'apprend lui-même, à des représentations comiques, et joue, avec quelques compagnons d'études, « la morale comédie de celuy qui avoit espousé une femme mute (muette). »

1532

A la fin de 1531 ou au commencement de 1532, il est à Lyon. Au mois d'octobre 1532, il est attaché comme médecin à l'Hôtel-Dieu de cette ville à raison de quarante livres par an. Nous le voyons, en cette même année, multiplier tout à coup les publications. Il met au jour une édition des *Lettres médicales* de Giovanni Manardi, de Ferrare, avec une dédicace latine à André Tiraqueau, *judici æquissimo apud Pictones.* Il édite les *Aphorismes* d'Hippocrate et l'*Ars parva* de Galien, en un volume in-16. L'épître dédicatoire est adressé à Geoffroy d'Estissac, évêque de Maillezais. Il fait imprimer une plaquette sous ce titre : *Ex reliquiis venerandæ antiquitatis : Lucii Cuspidii testamentum. Item contractus venditionis, antiquis Romanorum temporibus initus.* Il dédie cette publication à Aimery Bouchard, devenu conseiller du roi et maître des requêtes. Rabelais, en présentant ce testament et ce contrat de vente comme des monuments de l'époque romaine, était dupe d'une supercherie ; ces textes étaient apocryphes ; Pomponius Lœtus et Jovianus Pontanus les avaient fabriqués.

Au mois de décembre 1532, il écrit la fameuse lettre à Bernard de Salignac, à qui il rend des actions de grâces si magnifiques qu'on est embarrassé d'en faire honneur à un personnage inconnu. On serait tenté, en songeant à l'*Oratio prima contra Desiderium Erasmum*, publiée par Scaliger en 1531 et attribuée par Érasme à Jérôme Aléandre, de voir dans ce Bernard de Salignac quelque pseudonyme ou prête-nom d'Érasme.

1533

En même temps qu'il prend part à de nombreuses publications scientifiques, il produit des ouvrages d'un autre goût qui feront bien davantage pour sa renommée et qui immortaliseront son nom. C'est à la fin de 1532 que les premiers livres de *Gargantua* et de *Pantagruel* paraissent avoir vu le jour. On a une édition du deuxième livre datée de 1533. En examinant bien les titres et les prologues, on se convainc aisément que l'apparition du fameux roman doit être un peu antérieure, et que les éditions *princeps* des deux premiers livres ne se sont probablement pas encore retrouvées. Le langage de Rabelais, dans le prologue du *Gargantua*, n'est pas celui d'un auteur jusqu'alors inédit ; le prologue du *Pantagruel* se rapporte bien, selon nous, au premier livre de *Gargantua*, et non à ces *grandes et inestimables Chroniques du géant Gargantua*, dans lesquelles M. Brunet a voulu voir un premier essai de Rabelais. Il est certain toutefois qu'il y avait un petit roman populaire qui a servi à Rabelais de point de départ ; nul doute que Gargantua n'eût une existence traditionnelle bien avant le rôle éclatant qu'il fut appelé tout à coup à jouer. Les *grandes et inestimables Chroniques* sont un monument de cette tradition. Le roman rabelaisien attira l'attention sur elles. Rabelais eut-il quelque part aux réimpressions qui furent faites de ces opuscules à la même époque? Rien n'autorise à l'affirmer ; l'intérêt des libraires suffit bien à expliquer ces réimpressions.

Rabelais publia encore un almanach pour 1533 et la *Pantagruéline prognostication* pour cette même année. Cette « *Pantagruéline prognostication*, par M. Alcofribas, architriclin dudit Pantagruel, » nous prouve que, dès la fin de 1532, le roman de Rabelais était déjà bien connu du public, puisque, si l'histoire de Pantagruel par son architriclin n'eût fait que de paraître, l'auteur n'aurait pas mis en tête d'une brochure ces noms qui eussent été une énigme pour les acheteurs. Dans le courant de cette année 1533, *Pantagruel* fut censuré par la Sorbonne. On sait par une lettre de Calvin, à la date d'octobre, que la Faculté de théologie avait condamné « ces ouvrages obscènes : Pantagruel, la Forêt d'amours, et d'autres du même billon *(obscœnos illos Pantagruelem, Sylvam amorum, et ejus monetæ)*. »

1534

Premier voyage de Rabelais à Rome, à la suite de Jean du Bellay, évêque de Paris. Ce prélat était chargé par François Iᵉʳ de tenter un dernier effort pour empêcher la séparation de l'Angleterre et du Saint-Siège. Venant d'Angleterre, où il avait été conférer avec le roi Henri VIII, il traverse la France, passe à Lyon, où il s'attache Rabelais comme médecin, franchit les Alpes et arrive à Rome la veille de Noël 1533. Il ne réussit pas dans sa mission, malgré le zèle et l'éloquence qu'il y déploya. Ce premier séjour de Rabelais à Rome, qui a prêté à tant de facétieuses anecdotes, comprend les premiers mois de 1534. De retour à Lyon, Rabelais fit paraître, au mois de septembre, la *Description de Rome antique*, de Marliani, avec une dédicace à Jean du Bellay. A cette année se rapporte aussi, selon les plus savants bibliographes, la première édition connue du premier livre : la *Vie de Gargantua*.

1535

Dans les premiers mois de cette année, Rabelais s'étant absenté pour la deuxième fois et ayant quitté son service à l'Hôtel-Dieu sans donner avis ni prendre congé, les conseillers recteurs du grand hôpital délibérèrent, le 23 février, sur la question de lui donner un remplaçant. Plusieurs médecins, maître Charles, maître Canape, maître Du Castel, sollicitent sa place. Ce dernier est appuyé par M. de Montrottier, qui est un des bienfaiteurs de l'hôpital, auquel il donne trois cents livres par an. L'un des conseillers, nommé Pierre Durand, est d'avis qu'il convient d'attendre jusqu'à Pâques, « car il a entendu que ledit Rabellays est à Grenoble et porra revenir. »

Le 5 mars 1534 (1535 nouveau style), les conseillers recteurs élisent, à l'unanimité, Pierre Du Castel, docteur médecin, pour le service du grand hôpital du pont du Rhône, « au lieu de maistre François Rabellays, médecin, qui s'est absenté de la ville et dudit hospital sans congé prendre pour la deuxiesme fois. » Les « gages » de Du Castel sont réduits à trente livres tournois, au lieu de quarante livres que touchait Rabelais. Rabelais avait fait pour l'année 1535 un nouvel almanach ; il y prend pour la dernière fois la qualité de « médecin du grand hospital dudit Lyon ».

C'est probablement pendant les deux ans et demi qu'il exerça les fonctions de médecin de l'Hôtel-Dieu que Rabelais fit à Lyon la leçon publique d'anatomie dont il est question dans une des pièces du recueil de poésies latines publiées par Étienne Dolet en 1538, pièce intitulée *Cujusdam epitaphium, qui exemplo edito strangulatus, publico postea spectaculo Lugduni sectus est, Francisco Rabelæso doctissimo fabricam corporis interpretante*.

1536

Le pape Paul III, successeur de Clément VII, avait promu l'évêque de Paris, Jean du Bellay, au cardinalat. Le cardinal vint établir à Rome sa résidence, et Rabelais l'accompagna de nouveau. Ils s'y trouvaient au mois de novembre 1535, et y demeurèrent jusqu'au mois d'avril 1536. C'est pendant ce deuxième séjour que Rabelais écrivit à Geoffroy d'Estissac les trois lettres datées du 30 décembre, du 28 janvier et du 15 février. On doit remarquer toutefois que les dates attribuées à ces lettres par les frères de Sainte-Marthe, les premiers éditeurs, ne sont pas tout à fait exactes. Ainsi la première lettre, qui n'est datée que par les éditeurs, est du 30 décembre 1535 (et non 1536), et cela est si vrai que Rabelais dit en la terminant : « Je vous envoye aussi un almanach pour l'an qui vient 1536. » La deuxième et la troisième sont bien datées du 28 janvier 1536 et du 15 février 1536, parce que Rabelais emploie la supputation romaine qui fait commencer l'année au 1er janvier et non à Pâques. Les événements de l'histoire générale ne laissent pas de doute à cet égard.

Ces événements sont mémorables. C'est pendant cette année 1536 que se prépara et qu'eut lieu la grande invasion de la Provence par l'empereur Charles-Quint. Revenu en Sicile après l'expédition de Tunis, l'empereur nouait des alliances, levait des troupes, amassait des sommes d'argent pour sa vaste entreprise. Il entra à Rome le 5 avril 1536 par une large voie triomphale, et, le 8, il prononce dans le consistoire cette fameuse harangue où, dans l'exaltation de son orgueil, il dévoile ses projets, vante sa puissance, et insulte pendant deux heures la France et son roi. Charles-Quint, au lendemain de ce discours, songea qu'il avait peut-être eu tort de se départir de sa dissimulation ordinaire. Il chercha à persuader aux ambassadeurs de France d'atténuer dans leurs dépêches la portée des déclarations qu'il avait faites. Le cardinal du Bellay se douta que le roi ne saurait point par eux l'exacte vérité. En rentrant chez lui, il écrivit tout au long la harangue de l'empereur ; il avait des moyens mnémotechniques pour retenir les plus longs discours qui étaient prononcés devant lui. Cela fait, il sortit de Rome sous un déguisement, prit la poste, et arriva huit jours après à Paris.

Rabelais revint en France soit avec lui, soit peu après. Pendant ce deuxième séjour, Rabelais avait fait régulariser son état. Il avait adressé au Saint-Père une *supplicatio pro apostasia*. Un bref du pape Paul III, daté du 17 janvier 1536, lui accorde une absolution pleine et entière, l'autorise à reprendre l'habit de Saint-Benoît et à rentrer dans un monastère de cet ordre où l'on voudra bien le recevoir (nous verrons tout à l'heure que Rabelais avait à ce sujet des vues arrêtées) et lui permet d'exercer, conformément aux règles canoniques, l'art de la médecine.

La grande invasion des Impériaux eut lieu à la fois par le nord et par le midi. Le comte de Nassau entra par le nord, prit Guise, assiégea Péronne. Charles-Quint, à la tête de cinquante mille hommes, passa la Sesia le 7 juin, franchit le Var le 25 juillet. Le roi François 1er s'avança à sa rencontre. Le cardinal du Bellay fut, par ordonnance du 21 juillet 1536, nommé lieutenant général du roi et chargé de la défense de Paris, de la Picardie et de la Champagne. Comment il s'acquitta de cette mission, c'est ce que l'histoire nous apprend avec des détails que nous ne pouvons donner ici. Disons seulement qu'il déploya beaucoup d'activité et d'énergie ; en huit jours il approvisionna Paris pour un an et sut tenir tête même à la soldatesque révoltée. La double invasion échoua, comme on sait ; Charles-Quint repassa le Var le 25 septembre ; le siège de Péronne avait été levé le 15 du même mois.

On ne sait pas au juste ce que Rabelais devint pendant ces événements. Il resta sans doute attaché à son protecteur. Dès le temps de leur séjour à Rome, l'évêque de Paris lui avait offert un asile dans l'abbaye de Saint-Maur-les-Fossés, dont il était abbé. Cette abbaye de l'ordre de Saint-Benoît, à la sollicitation de l'évêque, venait d'être érigée en collégiale, c'est-à-dire que les moines étaient devenus chanoines. Cette transformation avait eu lieu avant que Rabelais eût été reçu parmi eux. S'il avait été reçu avant la bulle d'érection, il n'y aurait eu aucune difficulté à craindre ; mais comme il n'avait été reçu qu'après, il paraît qu'on pouvait contester que les termes du bref du 17 janvier, l'autorisant à rentrer dans l'ordre de Saint-Benoît, fussent ainsi observés ; et, en effet, Rabelais ne figura point à l'installation des nouveaux chanoines qui eut lieu le 17 août 1536. Pour se mettre à l'abri de toute contestation, il adressa une nouvelle supplique au souverain pontife. On ignore quel sort eut cette supplique.

1537-1538

Au commencement de 1537, Rabelais est à Paris, on le sait par une pièce de vers latins d'Étienne Dolet qui, ayant commis un meurtre à Lyon le 31 décembre 1536, vint solliciter sa grâce du roi, l'obtint et à cette occasion réunit dans un festin Budée, Clément Marot, etc., avec Rabelais, « l'honneur de la médecine, dit-il, qui peut rappeler les morts des portes du tombeau et les rendre à la lumière. »

Parmi les nombreux témoignages d'estime adressés vers cette époque à Rabelais, il faut citer celui de Salmon Macrin, secrétaire du cardinal du Bellay. Macrin, originaire de Loudun, publia en 1537, à Lyon, un recueil d'odes. L'une d'elles, en l'honneur de Rabelais, célèbre à la fois son savoir et les grâces piquantes de son esprit. Un autre versificateur, Nicolas Bourbon, nous fait connaître les relations amicales de Rabelais avec Guillaume du Maine, abbé de Beaulieu, précepteur des fils de François Ier, et avec Mellin de Saint-Gelais. Il est certain que Rabelais est en excellents termes avec la plupart des personnages distingués de ce temps.

Nous avons vu Rabelais prendre dans ses publications, dans sa supplique au pape, partout, la qualité de docteur en médecine. Il paraît cependant qu'il n'avait pas encore reçu l'investiture officielle de ce grade. Il se rendit à Montpellier où, le 22 mai 1537, il fut promu au doctorat, ainsi qu'il résulte de la mention faite par lui-même sur les registres de la Faculté. Il passa une partie de cette année dans cette ville, où il fit, devant un nombreux auditoire, un cours sur le texte grec des *Pronostics* d'Hippocrate.

Il y reçoit, entre autres visiteurs, Jean de Boyssonné, professeur à l'Université de Toulouse, et Hubert Sussanneau, docteur en médecine et en droit et poète latin. Il y fait, en 1538, une leçon publique d'anatomie pour laquelle il touche un écu d'or. Il est peu probable cependant que sa résidence dans cette ville ait été constante pendant ces deux années 1537-1538. A Lyon, comme dit Simon Macrin, était son habituel retour. C'est peut-être à cette époque que se rattache une lettre du cardinal de Tournon au chancelier Antoine du Bourg (ce chancelier étant mort en 1538, on ne saurait du moins assigner à cette lettre une date plus tardive), dans laquelle le cardinal se plaint des nouvelles que Rabelais fait parvenir à Rome.

« Monsieur,

« Je vous envoie une lettre que Rabelezus escrivoit à Rome, par où vous verrez de quelles nouvelles il advertissoit un des plus maulvais paillards qui soit à Rome. Je lui ai fait commandement que il n'eust à bouger de cette ville jusqu'à ce que j'en sceusse votre voulonté. Et s'il n'eust parlé de moi en ladite lettre, et aussy qu'il s'advoue au roy et reyne de Navarre, je l'eusse faict mettre en prison pour donner exemple à tous ces escripveurs de nouvelles. Vous m'en manderez ce qu'il vous plaira, remettant à vous d'en faire entendre au roy ce que bon vous en semblera. »

On ne voit pas, cependant, que l'affaire ait eu des suites.

Un événement extra-canonique qu'il est impossible de reculer davantage dans la suite des événements de sa vie, c'est l'existence d'un enfant que Rabelais eut à Lyon, et qui vécut deux années. Les renseignements à ce sujet se trouvent dans les manuscrits du professeur toulousain Boyssonné. Ce professeur de droit, dont Rabelais parle avec une amitié respectueuse, était en même temps un versificateur latin. Parmi ses poésies, plusieurs pièces font mention d'un enfant nommé Théodule Rabelais, mort à l'âge de deux ans, et les termes dont il se sert ne peuvent laisser aucun doute sur le père de cet enfant. Il ne paraît pas, du reste, que la paternité de l'auteur de *Gargantua* ait eu rien de clandestin. Dans l'épitaphe qu'il compose pour ce jeune enfant, Boyssonné lui fait dire : Moi qui repose sous cette tombe étroite, vivant, j'ai eu des pontifes romains pour serviteurs *(Romanos habui pontifices famulos)*.

1539-1543

Rabelais entre, toujours en qualité de médecin, au service de Guillaume du Bellay, seigneur de Langey, frère du cardinal. Ce personnage avait été établi gouverneur du Piémont en 1537. Le 18 décembre 1539, Rabelais passe à Chambéry où cette même année le « vertueux » Boyssonné avait été nommé conseiller, peut-être à la recommandation de son ami. En juillet et octobre 1540, il est à Turin ; nous le voyons en correspondance avec G. Pélissier, évêque de Maguelonne, ambassadeur du roi de France à Venise.

Le seigneur de Langey avait beaucoup de maladies et d'infirmités. Il demanda à être relevé de son gouvernement du Piémont, et, ayant obtenu son congé, il revint en France, porté en litière. Il mourut au mont de Tarare, entre Lyon et Roanne, le 9 janvier 1543. Rabelais fut présent à sa mort. Le Duchat affirme que Guillaume du Bellay laissa cinquante livres tournois de rente à Rabelais, jusqu'au moment où celui-ci aurait trois cents livres de revenu en bénéfices. Les affaires de ce seigneur étaient dans un état déplorable, à cause des dépenses qu'il avait faites pour adoucir les souffrances d'une famine qui avait sévi en Piémont. Peut-être est-ce pour tenir lieu de cette rente que René du Bellay, évêque du Mans, frère du défunt, conféra à Rabelais la cure de Saint-Christophe-du-Jambet. Il est certain que Rabelais fut titulaire de cette cure, dont il touchait le revenu sans être obligé à résidence.

Rabelais consacra un ouvrage latin à l'histoire des hauts faits de Guillaume du Bellay. Claude Massuau, autre domestique de Guillaume du Bellay, le traduisit en français sous ce titre : « *Stratagèmes,* c'est-à-dire prouesses et ruses de guerre du preux et très-célèbre chevalier Langey, au commencement de la tierce guerre césariane. » L'original et la traduction sont perdus.

1543-1546

Cependant les éditions du *Gargantua* et du *Pantagruel* se succédaient avec une vogue inépuisable. En 1542, Rabelais donna, des deux premiers livres, une édition où il avait légèrement atténué ses hardiesses. En 1546, il mit au jour le troisième livre avec un privilège du roi François 1er, non plus sous le pseudonyme d'Alcofribas Nasier, mais sous son nom. L'année suivante, 1547, parurent à Grenoble les premiers chapitres du quatrième livre.

1546-1550

Depuis longtemps déjà le roi François 1er, en qui Rabelais avait trouvé un protecteur, était gravement malade ; on prévoyait sa mort prochaine. En quelles mains passerait alors le pouvoir ? Les principaux protecteurs de Rabelais allaient sans doute perdre leur crédit. Rabelais n'attendit pas la crise. Il semble qu'il se soit d'assez loin prémuni contre elle.

Il quitta la France et se réfugia à Metz. A quel moment ? On ne le peut dire avec précision. Mais il paraît prouvé que ce fut plus d'une année avant la mort du roi. Il résulte des recherches des érudits lorrains que Rabelais aurait passé à Metz l'année 1546 tout entière. Les comptes de la ville pour cette époque ont disparu ; mais il en subsiste un extrait par Paul Ferry *(Observations séculaires),* et dans cet extrait on lit ces lignes :

« 1547. Payé à Mre Rabellet p. ses gages d'un an, c'est à sçavoir à la Saint-Remy 60 livres ; à Pâques darien 60 livres ; comme plus con lui ont *(sic)* p. le quart d'an de Saint-Jean 30 livres. »

Ainsi, Rabelais fut médecin salarié de la ville de Metz, aux gages de 120 livres par an ; il toucha le semestre de Pâques 1546 à la Saint-Remi, 1er octobre, le semestre du 1er octobre 1546 à Pâques 1547, plus un demi-semestre de Pâques à la Saint-Jean (24 juin). Il eut congé à cette dernière date, 24 juin 1547.

La lettre de Rabelais au cardinal du Bellay, datée de Metz, où il implore en termes si pressants les secours du cardinal, est-elle du 6 février 1547, comme on le croit généralement ? Tout fait supposer que cette lettre est plutôt du 6 février 1546, les appointements assez élevés que Rabelais touchait en 1547 ne justifiant plus de tels cris de détresse. Il faut, en ce cas, assigner également à cette année, au 28 mars 1546 (nouveau style), la lettre de Jean Sturm, recteur du Gymnase de Strasbourg, au même cardinal du Bellay. On trouve dans cette lettre le passage suivant : *Tempora etiam Rabelæsum ejecerunt e Gallia,* φεῦ τῶν χρόνων ! *Nondum ad nos venit. Metis consistit, ut audio, inde enim nos salutavit. Adero ipsi quibuscunque rebus potero, cum ad nos venerit... Ad*

Tabernas Alsatiæ (Saverne), *vigesima octava Martii*. On a vu pourquoi le fugitif s'était arrêté à Metz, c'est qu'il y avait trouvé des fonctions qui le mettaient à l'abri du besoin.

François Ier mourut le 31 mars 1547. Le cardinal du Bellay, forcé de se démettre de ses charges politiques, se rendit à Rome. Rabelais l'y suivit. Rabelais était pour la troisième fois à Rome au mois de février 1549, à l'époque de la naissance de Louis d'Orléans, deuxième fils de Henri II et de Catherine de Médicis. Il écrivit au cardinal de Guise (depuis cardinal de Lorraine), sous le titre de *Sciomachie*, la description des fêtes célébrées à cette occasion par le cardinal du Bellay et par l'ambassadeur de France d'Urfé. Cette description fut imprimée à Lyon, chez Sébastien Gryphe.

La même année, parut à Paris une violente attaque dirigée contre Rabelais ; elle eut lieu dans un pamphlet en forme de dialogue contre les mauvais livres, intitulé *Theotimus sive de tollendis et expurgandis malis libris, iis præcipue quos vix incolumi fide ac pietate plerique legere queant*. Cette publication était l'œuvre de Gabriel de Puits-Herbaut, moine de Fontevrault. La sortie de Puits-Herbaut n'est pas moins violente contre l'homme que contre ses ouvrages. On y voit apparaître pour la première fois, dans un document contemporain, le Rabelais biberon, glouton, cynique, que les biographes, confondant la vie de l'auteur avec les inventions de son livre, ont représenté par la suite.

L'agression de Puits-Herbaut n'eut aucun effet. Rabelais ne tarda pas à se faire d'aussi solides appuis sous le nouveau règne que sous le règne précédent. L'influence à la cour de France, sous Henri II, appartenait aux Guises, au connétable de Montmorency, à ses cinq fils et à ses trois neveux les Châtillons. Nous venons de voir, à propos de la *Sciomachie*, Rabelais en correspondance avec le cardinal de Guise. Nous allons le voir tout particulièrement soutenu par l'aîné des Châtillons, le cardinal Odet, évêque-comte de Beauvais.

Il rentre en France « hors de toute intimidation », et obtient pour ses ouvrages un privilège de Henri II, comme il en avait obtenu un de François Ier.

1550-1552

Par provisions du 18 janvier 1550, Rabelais fut nommé à la cure de Meudon. On peut remarquer, comme coïncidence significative, que la terre de Meudon avait été récemment achetée par le duc de Guise à la duchesse d'Estampes. Rabelais ne fut curé de Meudon que l'espace de deux ans moins quelques jours. Il n'est pas sûr qu'il ait rempli jamais les fonctions curiales. Le nouvel évêque de Paris, Eustache du Bellay, faisant sa première visite pastorale, au mois de juin 1551, est reçu à Meudon par Pierre Richard, vicaire, et quatre autres prêtres ; il n'est pas question de Rabelais. En tout cas, il est évident qu'il ne put laisser dans le pays ces profondes traces, ces souvenirs vivaces qu'auraient retrouvés cent ans plus tard les Antoine Leroy, les Bernier, les Colletet. La légende du curé de Meudon s'est formée après coup.

Il résigna ses deux cures, celle de Saint-Christophe-de-Jambet au diocèse du Mans et celle de Saint-Martin-de-Meudon au diocèse de Paris, le 9 janvier 1552. Selon toute apparence, cette double démission fut motivée par la publication très prochaine du quatrième livre complet. Ce quatrième livre fut achevé d'imprimer le 28 janvier 1552. Il parut avec le privilège du roi et une épître de l'auteur au cardinal de Châtillon.

La Faculté de théologie s'en émut aussitôt et le censura. Un arrêt du parlement, en date du 1er mars 1551 (1552 nouveau style), en suspendit la vente :

« Attendu la censure faicte par la Faculté de théologie contre certain livre maulvais exposé en vente soubz le titre de *Quatriesme livre de Pantagruel*, avec privilège du roi, la cour ordonne que le libraire sera promptement mandé en icelle, et lui seront faictes defenses de vendre et exposer ledict livre dedans quinzaine : pendant lequel temps ordonne la cour au procureur du roi d'advertir ledict seigneur roi de la censure faicte sur ledict livre par ladicte Faculté de théologie, et lui en envoyer un double pour suyvre son bon plaisir. »

Mandé devant la cour, le libraire Michel Fezandat reçut défense, sous peine de punition corporelle, de vendre l'ouvrage dedans quinzaine. Après ces quinze jours, la vente reprit-elle son cours ? On est tenté de croire que la suspension dura plus longtemps, si l'on remarque que Henri II était tout entier alors à son entreprise contre Metz et les provinces austrasiennes. Il laissa la régence à Catherine le 10 mars, rejoignit l'armée à Châlons, et victorieux entra dans Metz le

18 avril. Dans cet intervalle, Rabelais fit, au moyen d'un nouveau tirage du prologue, la modification suivante en l'honneur du roi. Le premier tirage portait : « N'est-il pas écrit et pratiqué par les anciennes coustumes de ce tant noble, tant florissant, tant riche et triumphant royaume de France ?... » Et un peu plus loin : « Le bon André Tiraqueau, conseiller du roy Henri second. » Dans le second tirage, on a supprimé le mot *triumphant* devant *royaume de France* et fait précéder le nom du *roy Henri second* des épithètes *grand, victorieux et triumphant*.

Quoi qu'il en soit, les protecteurs de Rabelais l'emportèrent, et le bon plaisir du roi fut que la vente de l'ouvrage pût reprendre son cours interrompu.

1553

L'époque de la mort de Rabelais, incertaine comme celle de sa naissance, est fixée communément à cette date de 1553. Outre que dès ce moment un profond silence se fait sur l'auteur de *Gargantua* et de *Pantagruel*, quelques indications viennent confirmer l'opinion commune. Théodore de Bèze, dans son *Epistola Passavantii*, mentionne Rabelais en ces termes : « *Pantagruel cum suo libro quem fecit imprimere per favorem cardinalium qui amant risere sicut ille loquebatur.* » Ces mots *sicut ille loquebatur* (comme il parlait) semblent témoigner que Rabelais n'existait plus. Or l'*Epistola Passavantii* est généralement attribuée à l'année 1553. M. Rathery a signalé un autre document : parmi les personnages d'une satire en forme de dialogue des morts, composée en 1555, figure Rabelais, qu'on présente comme descendu depuis quelque temps déjà aux sombres bords. Son habileté dans l'art de la médecine y est célébrée, et l'auteur ajoute : « Je sais en quels termes honorables n'a cessé de s'exprimer sur ton compte ce grand cardinal qui t'aimait tant et ne t'admirait pas moins. »

L'obscurité la plus complète règne sur les circonstances de cette mort. Les faiseurs d'anecdotes se sont emparés des derniers moments de celui que Bacon appelait « le grand railleur, *the great jester of France* ». Ils ont mis en circulation de nombreuses facéties auxquelles on ne peut ajouter foi, mais qui, évidemment, se propagèrent de très bonne heure et presque en même temps que le bruit de ce trépas. Jacques Tahureau, poète et conteur, mort dans le Maine en 1555, semble y faire quelque allusion dans l'épitaphe suivante qui fait partie de ses œuvres :

> Ce docte né Rabelais, qui piquoit
> Les plus piquans, dort sous la lame ici :
> Et de ceux même en mourant se moquoit,
> Qui de sa mort prenoient quelque souci.

Ronsard, qui avait eu quelques rapports, et probablement quelques rapports peu sympathiques, avec l'auteur de *Gargantua* et de *Pantagruel*, lança contre lui l'épitaphe bouffonne si connue ; c'est, dans l'ordre chronologique, le deuxième document (le premier est le *Theotimus*) qui prête à la physionomie rabelaisienne l'enluminure bachique que fait volontiers supposer la lecture du roman. Autant les témoignages de cette sorte deviendront abondants, à mesure qu'on s'éloignera des années où vécut Rabelais, autant ils sont rares d'abord. Il est évident que l'habile médecin, le savant linguiste, le docteur *omnifaria doctrina*, frappèrent en lui beaucoup plus les yeux des contemporains que le pantagruéliste et le disciple d'Épicure. Dans quelle mesure ce dernier caractère a-t-il marqué l'existence de Rabelais ? C'est ce qu'il est difficile de déterminer.

Les historiettes empreintes de bouffonnerie pantagruélique se multiplièrent par la suite et envahirent sa biographie. La compilation d'Antoine Leroy (postérieure à 1654) en est la principale source ; mais cette date même lui enlève toute autorité sérieuse. Cet élément presque unique des anciennes biographies doit donc être écarté par la critique moderne, surtout dans une étude faite, comme celle-ci, pour accompagner une édition où rien n'est laissé à l'arbitraire et qui est dans toutes ses parties une œuvre de stricte et sobre érudition.

Prologe

de

l'Auteur

BUVEURS tresillustres, et vous Verolez tresprecieux (car à vous, non à aultres, sont dediez mes escriptz), Alcibiades, ou dialogue de Platon intitulé le Bancquet, louant son precepteur Socrates, sans controverse prince des philosophes, entre aultres parolles le dict estre semblable ès Silenes. Silenes estoient jadis petites boites telles que voyons de present ès boutiques des apothecaires, pinctes au dessus de figures joyeuses et frivoles, comme de Harpies, Satyres, oysons bridez, lievres cornuz, canes bastées, boucqs volans, cerfz limonniers, et aultres telles pinctures contrefaictes à plaisir pour exciter le monde à rire: quel fut Silene, maistre du bon Bacchus. Mais au dedans l'on reservoit les fines drogues, comme baulme, ambre gris, amomon, musc, zivette, pierreries, et aultres choses precieuses. Tel disoit estre Socrates, par ce que, le voyans au dehors et l'estimans par l'exteriore

1

apparence, n'en eussiez donné un coupeau d'oignon, tant laid il estoit de corps et ridicule en son maintien, le nez pointu, le reguard d'un taureau, le visaige d'un fol, simple en meurs, rustiq en vestimens, pauvre de fortune, infortuné en femmes, inepte à tous offices de la republique, tousjours riant, tousjours beuvant d'autant à un chascun, tousjours se guabelant, tousjours dissimulant son divin sçavoir. Mais, ouvrans ceste boyte, eussiez au dedans trouvé une celeste et impreciable drogue, entendement plus que humain, vertus merveilleuse, couraige invincible, sobresse non pareille, contentement certain, asseurance parfaicte, deprisement incroyable de tout ce pourquoy les humains tant veiglent, courent, travaillent, navigent et bataillent.

A quel propos, en voustre advis, tend ce prelude et coup d'essay? Par autant que vous, mes bons disciples, et quelques aultres fouldz de sejour, lisans les joyeux tiltres d'aulcuns livres de nostre invention, comme Gargantua, Pantagruel, Fessepinte, La dignité des braguettes, Des poys au lard cum commento, etc., jugez trop facillement ne estre au dedans traicté que mocqueries, folateries et menteries joyeuses, veu que l'ensigne exteriore (c'est le tiltre), sans plus avant enquerir, est communement receue à derision et gaudisserie. Mais par telle legiereté ne convient estimer les œuvres des humains, car vous mesmes dictes que l'habit ne faict poinct le moine, et tel est vestu d'habit monachal qui au dedans n'est rien moins que moyne, et tel est vestu de cappe hespanole qui en son couraige nullement affiert à Hespane. C'est pourquoy fault ouvrir le livre, et soigneusement peser ce que y est deduict. Lors congnoistrez que la drogue dedans contenue est bien d'aultre valeur que ne promettoit la boite, c'est à dire que les matieres icy traictées ne sont tant folastres comme le tiltre au dessus pretendoit.

Et posé le cas qu'au sens literal vous trouvez matieres assez joyeuses et bien correspondentes au nom, toutesfoys pas demourer là ne fault, comme au chant des

Sirenes, ains à plus hault sens interpreter ce que par adventure cuidiez dict en gayeté
de cueur.

Crochetastes vous oncques bouteilles? Caisgne! Reduisez à memoire la contenence
qu'aviez. Mais veistes vous oncques chien rencontrant quelque os medulare? C'est, comme
dict Platon, lib. ij. de Rep., la beste du monde plus philosophe. Si veu l'avez, vous avez
peu noter de quelle devotion il le guette, de quel soing il le guarde, de quel ferveur il le
tient, de quelle prudence il l'entomme, de quelle affection il le brise, et de quelle diligence
il le suget. Qui le induict à ce faire? Quel est l'espoir de son estude? Quel bien pretend
il? Rien plus qu'un peu de moelle. Vray est que ce peu, plus est delicieux que le beaucoup de toutes aultres, pource que la moelle est aliment elabouré à perfection de nature,
comme dict Galen, iij, facu. natural., et xj, de usu pti.

A l'exemple d'icelluy vous convient estre saiges
pour fleurer, sentir et estimer ces beaulx livres de
haulte gresse, legiers au prochaz et hardiz à la rencontre; puis, par curieuse leçon et meditation fre-
quente, rompre l'os et sugcer la substantificque
moelle, c'est à dire ce que j'entends par ces symboles Pythagoricques, avecques espoir certain d'estre
faictz escors et preux à ladicte lecture; car en icelle
bien aultre goust trouverez et doctrine plus absconce,
laquelle vous revelera de treshaultz sacremens et
mysteres horrificques, tant en ce qui concerne nostre
religion, que aussi l'estat politicq et vie œconomicque.

Mais veistes vous oncques chien rencontrant
quelque os medulare?

Croyez vous en vostre foy qu'oncques Homere, escrivent l'Iliade et Odyssée, pensast
ès allegories lesquelles de luy ont calfreté Plutarche, Heraclides Ponticq, Eustatie, Phor-
nute, et ce que d'iceulx Politian a desrobé? Si le croiez, vous n'approchez ne de pieds ne
de mains à mon opinion, qui decrete icelles aussi peu avoir esté songées d'Homere que
d'Ovide en ses Metamorphoses les sacremens de l'Evangile, lesquelz un frere Lubin, vray
croquelardon, s'est efforcé demonstrer, si d'adventure il rencontroit gens aussi folz que
luy, et (comme dict le proverbe) couvercle digne du chaudron.

Si ne le croiez, quelle cause est pourquoy autant n'en ferez de ces joyeuses et nouvelles
chronicques, combien que les dictans n'y pensasse en plus que vous, qui paradventure
beviez comme moy? Car à la composition de ce livre seigneurial je ne perdiz ne emploiay
oncques plus ny aultre temps que celuy qui estoit estably à prendre ma refection corporelle, sçavoir est: beuvant et mangeant. Aussi est ce la juste heure d'escrire ces haultes
matieres et sciences profundes, comme bien faire sçavoit Homere, paragon de tous
Philologes, et Ennie, père des poëtes latins, ainsi que tesmoigne Horace, quoy qu'un
malautru ait dict que ses carmes sentoyent plus le vin que l'huile.

Autant en dict un Tirelupin de mes livres; mais bren pour luy! L'odeur du vin,
ô combien plus est friant, riant, priant, plus celeste et delicieux que d'huille! Et pren-

dray autant à gloire qu'on die de moy que plus en vin aye despendu que en huyle, que
fist Demosthenes quand de luy on disoit que plus en huyle que en vin despendoit. A moy
n'est que honneur et gloire d'estre dict et reputé bon Gaultier et bon compaignon ; et en
ce nom suis bien vénu en toutes bonnes compaignies de Pantagruelistes. A Demosthenes
fut reproché par un chagrin que ses oraisons sentoient comme la serpilliere d'un ord et
sale huillier. Pourtant interpretez tous mes faictz et mes dictz en la perfectissime partie ;
ayez en reverence le cerveau caseiforme qui vous paist de ces belles billes vezées, et à
vostre povoir tenez-moy tousjours joyeux.

Or esbaudissez vous, mes amours, et guayement lisez le reste tout à l'aise du corps
et au profit des reins. Mais escoutez, vietz dazes, que le maulubec vous trousque : vous
soubvienne de boyre à my pour la pareille, et je vous plegeray tout ares metys.

Or esbaudissez vous, mes amours !

LIVRE PREMIER

Chapitre I

De la genealogie et antiquité de Gargantua

Je vous remectz à la grande Chronicque Pantagrueline recongnoistre la genealogie et antiquité dont nous est venu Gargantua. En icelle vous entendrez plus au long comment les Geands nasquirent en ce monde, et comment d'iceulx par lignes directes yssit Gargantua, père de Pantagruel; et ne vous faschera si pour le present je m'en deporte, combien que la chose soit telle que, tant plus seroit remembrée, tant plus elle plairoit à voz seigneuries; comme vous avez l'autorité de Platon *in Philebo et Gorgias,* et de Flacce, qui dict estre aulcuns propos, telz que ceulx cy sans doubte, qui plus sont delectables quand plus souvent sont reditz.

Pleust à Dieu qu'un chascun sceust aussi certainement sa genealogie, depuis l'arche de Noë jusques à cest eage! Je pense que plusieurs sont aujourd'huy Empereurs, Roys, ducz, princes et Papes en la terre, lesquelz sont descenduz de quelques porteurs de rogatons et de coustretz. Comme au rebours, plusieurs sont gueux de l'hostiaire, souffreteux et miserables, lesquelz sont descenduz de sang et ligne de grandz roys et empereurs, attendu l'admirable transport des règnes et empires,

Des Assyriens ès Medes;

Des Medes ès Perses;

Des Perses ès Macedones;

Des Macedones ès Romains;

Des Romains ès Grecz;

Des Grecz ès Françoys.

Et pour vous donner à entendre de moy, qui parle, je cuyde que soye descendu de quelque riche roy ou prince au temps jadis; car oncques ne veistes homme qui eust plus grande affection d'estre roy et riche que moy, affin de faire grand chere, pas ne travailler, poinct ne me soucier, et bien enrichir mes amys, et tous gens de bien et de sçavoir. Mais en ce je me reconforte qu'en l'aultre monde je le seray, voyre plus grand que de present ne l'auseroye soubhaitter. Vous en telle ou meilleure pensée reconfortez vostre malheur, et beuvez fraiz si faire se peut.

Plusieurs sont descenduz de quelques porteurs de rogatons. .

Retournant à noz moutons, je vous dictz que par don souverain des cieulx nous a esté reservée l'antiquité et genealogie de Gargantua plus entiere que nulle autre, exceptez celle du Messias, dont je ne parle, car il ne me appartient; aussi les diables (ce sont les calumniateurs et caffars) se y opposent; et fut trouvée par Jean Audeau, en un pré qu'il avoit près l'Arceau Gualeau, au dessoubz de l'Olive, tirant à Narsay.

Duquel faisant lever les fossez, toucherent les piocheurs de leurs marres un **grand** tombeau de bronze long sans mesure, car oncques n'en trouverent le bout, par ce qu'il entroit trop avant les excluses de Vienne. Icelluy ouvrans en certain lieu, signé au dessus d'un goubelet, à l'entour duquel estoit escript en lettres ethrusques *Hic bibitur*, trouverent neuf flaccons en tel ordre qu'on assiet les quilles en Guascoigne. Des quelz celluy qui au mylieu estoit couvroit un gros, gras, grand, gris, joly, petit, moisy livret, plus mais non mieulx sentent que roses.

Trouverent neuf flaccons...

En icelluy fut ladicte genealogie trouvée escripte au long, de lettres cancelle-resques, non en papier, non en parchemin, non en cere, mais en escorce d'ulmeau, tant toutesfoys usées par vetusté, qu'à poine en povoit on troys recongnoistre de rang.

Je (combien que indigne) y fuz appellé, et à grand renfort de bezicles practicant l'art dont on peut lire lettres non apparentes, comme enseigne Aristoteles, la translatay, ainsi que veoir pourrez, en pantagruelisant, c'est à dire beuvans à gré et lisans les gestes horrificques de Pantagruel. A la fin du livre estoit un petit traicté intitulé : *Les Fanfreluches antidotées*. Les ratz et blattes, ou (affin que je ne mente) aultres malignes bestes, avoient brousté le commencement; le reste j'ay cy dessoubz adjousté par reverence de l'antiquaille.

A grand renfort de beziclos...

Chapitre II

Ies Fanfreluches antidotées trouvées en un monument antique

O, i? enu le grand dompteur des Cimbres.
: ¹ sant par l'aer, de peur de la rousée.
≡ ! sa venue on a remply les timbres
:¹. beurre fraiz, tombant par une housée,
Duquel quand fut la grand mere arrousée,
Cria tout hault : « Hers, par grace peschez le ;
Car sa barbe est presque toute embousée ;
Ou pour le moins tenez luy une eschelle. »

Aulcuns disoient que leicher sa pantoufle
Estoit meilleur que guaigner les pardons ;
Mais il survint un affecté marroufle,
Sorti du creux où l'on pesche aux gardons,
Qui dict : « Messieurs, pour Dieu nous engardons,
L'anguille y est, et en cest estan musse ;
Là trouverez (si de près regardons)
Une grand tare, au fond de son annusse.

Quand fut au poinct de lire le chapitre,
On n'y trouva que les cornes d'un veau.
« Je (disoit il) sens le fond de ma mitre
Si froid, qu'autour me morfond le cerveau. »
On l'eschaufa d'un parfunet de naveau,
Et fut content de soy tenir ès atres,
Pourveu qu'on feist un limonnier noveau
A tant de gens qui sont acariatres.

Leur propos fut du trou de sainct Patrice,
De Gilbathar, et de mille aultres trous,
S'on les pourroit reduire à cicatrice,
Par tel moien que plus n'eussent la tous :
Veu qu'il sembloit impertinent à tous
Les veoir ainsi à chascun vent baisler.
Si d'adventure ilz estoient à poinct clous,
On les pourroit pour houstage bailler.

En cest arrest le courbeau fut pelé
Par Hercules, qui venoit de Lybie.
« Quoy ? dist Minos, que n'y suis-je appellé ?
Excepté moy tout le monde on convie :
Et puis l'on veult que passe mon envie
A les fournir d'huytres et de grenoilles :
Je donne au diable en quas que de ma vie
Preigne à mercy leur vente de quenoilles. »
    Pour les matter survint Q. B. qui clope,
Au sauconduict des mistes Sansonnetz.
Le tamiseur, cousin du grand Cyclope,
Les massacra. Chascun mousche son nez :
En ce gueret peu de bougrins sont nez,
Qu'on n'ait berné sus le moulin à tan.
Courrez y tous et à l'arme sonnez :
Plus y aurez que n'y eustes antan.
    Bien peu après, l'oyseau de Jupiter
Delibera pariser pour le pire ;
Mais les voyant tant fort se despiter,
Craignit qu'on mist ras, jus, bas, mat, l'empire :
Et mieulx ayma le feu du ciel empire
Au tronc ravir où l'on vend les soretz

Que aer serain, contre qui l'on conspire,
Assubjectir es dictz des Massoretz.
    Le tout conclud fut à poincte affilée,
Maulgré Até, la cuisse heronniere,
Que là s'asist, voyant Pentasilée
Sus ses vieux ans prinse pour cressonniere.
Chascun crioit : « Vilaine charbonniere,
T'appartient-il toy trouver par chemin ?
Tu la tolluz, la romaine banière
Qu'on avoit faict au traict du parchemin. »
    Ne fust Juno, que dessoubz l'arc celeste
Avec son duc tendoit à la pipée,
On lui eust faict un tour si tresmoleste,
Que de tous poincts elle eust esté frippée.
L'accord fut tel, que d'icelle lippée
Elle en auroit deux œufz de Proserpine,
Et si jamais elle y estoit grippée,
On la lieroit au mont de l'Albespine.
    Sept moys après, houstez en vingt et deux
Cil qui jadis anihila Carthage
Courtoysement se mist en mylieu d'eux,
Les requerent d'avoir son heritage,
Ou bien qu'on feist justement le partage
Selon la loy que l'on tire au rivet,
Distribuent un tatin de potage
A ses facquins qui firent le brevet.

    Mais l'an viendra, signé d'un arc turquoys
De v. fuseaulx et troys culz de marmite,
Onquel le dos d'un roy trop peu courtoys
Poyvré sera soubz un habit d'hermite.
O la pitié ! Pour une chattemite
Laisserez-vous engouffrer tant d'arpens ?
Cessez, cessez, ce masque nul n'imite :
Retirez vous au frere des serpens.
    C'est an passé, cil qui est regnera
Paisiblement avec ses bons amis.
Ny brusq ny smach lors ne dominera.
Tout bon vouloir aüra son compromis.

Et le solas qui jadis fut promis
Es gens du ciel, viendra en son befroy.
Lors les haratz qui estoient estommis
Triumpheront en royal palefroy.

   Et durera ce temps de passe passe
Jusques à tant que Mars ayt les empas.
Puis en viendra un qui tous aultres passe.
Delitieux, plaisant, beau sans compas.
Levez vos cueurs, tendez à ce repas,
Tous mes féaulx, car tel est trespassé
Qui pour tout bien ne retourneroit pas,
Tant sera lors clamé le temps passé.

   Finablement, celluy qui fut de cire
Sera logé au gond du Jacquemart.
Plus ne sera réclamé, Cyre, Cyre,
Le brimbaleur qui tient le cocquemart.
Heu, qui pourroit saisir son bracquemart!
Toust seroient netz les tintouins cabus
Et pourroit on à fil de poulemart
Tout baffouer le maguazin d'abus.

Chapitre III

Comment Gargantua fut unze moys porté ou ventre de sa mère

Grandgousier estoit bon raillard.

Grandgousier estoit bon raillard en son temps, aymant à boyre net autant que homme qui pour lors fust au monde, et mangeoit voluntiers salé. A ceste fin avoit ordinairement bonne munition de jambons de Magence et de Bayonne, force langues de beuf fumées, abondance de andouilles en la saison et beuf sallé à la moustarde. Renfort de boutargues, provision de saulcisses, non de Bouloigne (car il craignoit ly boucon de Lombard) mais de Bigorre, de Lonquaulnay, de la Brene et de Rouargue. En son eage virile espousa Gargamelle, fille du roy des Parpaillos, belle gouge et de bonne troigne. Et faisoient eux deux souvent ensemble la beste à deux doz, joyeusement se frotans leur lard, tant qu'elle engroissa d'un beau filz, et le porta jusques à l'unziesme moys.

Car autant, voire dadvantage, peuvent les femmes ventre porter, mesmement quand c'est quelque chef d'œuvre, et personnage qui doibve en son temps faire grandes prouesses. Comme dict Homere, que l'enfant duquel Neptune engroissa la Nymphe nasquit l'an après revolu, ce fut le douziesme moys. Car (comme dict A. Gelle, lib. iij.) ce long temps convenoit à la majesté de Neptune, affin qu'en iceluy l'enfant feust formé à perfection. A pareille raison, Jupiter feist durer quarante huict heures la nuyct qu'il coucha avecques Alcmene. Car en moins de temps n'eust-il peu forger Hercules, qui nettoia le monde de monstres et tyrans.

Messieurs les anciens Pantagruelistes ont conformé ce que je dis, et ont declaré non seulement possible, mais aussi legitime, l'enfant né de femme l'unziesme moys après la mort de son mary.

Hippocrates, lib. *de Alimento.*

Pline, lib. vij, cap. v.

Plaute *in Cistellaria.*

Marcus Vario en la satyre inscripte *Le Testament,* allegant l'autorité d'Aristoteles à ce propos.

Censorinus, li. *de die natali.*

Aristoteles, lib. vij, cap. iij et iiij, *de nat. animalium.*

Gellius, lib. iij, cap. xvj.

Servius *in Egl.* exposant ce metre de Virgile :

> Matri longa decem, etc.

Et mille autres folz ; le nombre desquelz a esté par les legistes acreu, *ff. de suis, et legil. l. intestato.* § *fin.*

Et *in Autent. de restitut. et ea que parit in* xj *mense.*

D'abondant en ont chaffourré leur robidilardicque loy, Gallus. *ff. de lib. et post. et l. septimo, ff. de stat. homin.* et quelques aultres, que pour le present dire n'ause.

Moiennans lesquelles loys, les femmes velfves peuvent franchement jouer du serrecropiere à tous enviz et toutes restes deux moys après le trespas de leurs mariz. Je vous prie par grace, vous aultres mes bons averlans, si d'icelles en trouvez que vaillent le desbraguetter, montez dessus et me les amenez. Car si au troisiesme moys elles engroissent, leur fruict sera heritier du deffunct ; et, la groisse congneue, poussent hardiment oultre, et vogue la gualée, puis que la panse est pleine ! Comme Julie, fille de l'empereur Octavian, ne s'abandonnoit à ses taboureurs sinon quand elle se sentoit grosse, à la forme que la navire ne reçoit son pilot que premierement ne soit callafatée et chargée. Et si personne les blasme de soy faire rataconniculer ainsi suz leur groisse, veu que les bestes suz leurs ventrées n'endurent jamais le masle masculant, elles responderont que ce sont bestes, mais elles sont femmes, bien entendentes les beaulx et joyeux menuz droitz de superfetation, comme jadis respondit Populie, selon le rapport de Macrobe, lib. ij, *Saturnal.* Si le diavol ne veult qu'elles engroissent, il fauldra tortre le douzil, et bouche clouse.

En son eage virile espousa Gargamelle

Gaudebillaux sont grasses tripes.

Chapitre IV

Comment Gargamelle, estant grosse de Gargantua, mangea grand planté de tripes

L'occasion et maniere comment Gargamelle enfanta fut telle : et si ne le croyez, le fondement vous escappe! Le fondement luy escappoit une après disnée, le iij° jour de febvrier, par trop avoir mangé de gaudebillaux. Gaudebillaux sont grasses tripes de coiraux. Coiraux sont beufz engressez à la creche et prez guimaulx. Prez guimaulx sont qui portent herbe deux fois l'an. D'iceulx gras beufz avoient faict tuer troys cens soixante-sept mille et quatorze, pour estre à mardy gras sallez, affin qu'en la prime vere ilz eussent beuf de saison à tas, pour au commencement des repastz faire comme-moration de saleures, et mieulx entrer en vin.

Les tripes furent copieuses, comme entendez, et tant friandes estoient que chascun en leichoit ses doigtz. Mais la grande diablerie à quatre personnaiges estoit bien en ce que possible n'estoit longuement les reserver, car elles feussent pourries, ce qui sembloit indecent : dont fut conclud qu'ilz les bauffreroient sans rien y perdre. A ce faire convierent tous les citadins de Sainnais, de Suillé, de la Roche Clermaud, de Vau-gaudray, sans laisser arriere le Coudray, Montpensier, le Gué de Vede et aultres voisins, tous bons beveurs, bons compaignons et beaulx joueurs de quille la. Le bon homme Grandgousier y prenoit plaisir bien grand, et commendoit que tout allast par escuelles. Disoit toutesfoys à sa femme qu'elle en mangeast le moins, veu qu'elle aprochoit de son terme, et que ceste tripaille n'estoit viande moult louable. « Celluy (disoit-il) a grande envie de mascher merde, qui d'icelle le sac mange. » Non obstant ces remonstrances, elle en mangea seze muiz, deux bussars et six tupins. O belle matiere fecale qui doivoit boursouffler en elle!

Après disner, tous allèrent (pelle melle) à la Saulsaie, et là, sus l'herbe drue, dancerent au son des joyeux flageolletz et doulces cornemuses, tant baudement, que c'estoit passetemps celeste les veoir ainsi soy rigouller.

Après disner, tous allèrent à la Saulsaie.

Fouette moy ce verre gualentement.

Chapitre   V

Les propos des bienyvres

Puis entrerent en propos de resieuner on propre lieu.

Lors flaccons d'aller, jambons de troter, goubeletz de voler, brousses de tinter. — Tire, baille, tourne, brouille. — Boutte à moy, sans eau : ainsi, mon amy ; fouette moy ce verre gualentement ; produiz moy du clairet, verre pleurant. — Treves de soif. — Ha faulse fiebvre! ne t'en iras tu pas? — Par ma fy, ma commere, je ne peuz entrer en bette. — Vous estez morfondue, m'amie? — Voire. — Ventre sainct Qenet, parlons de boire; je ne boy que à mes heures, comme la mulle du pape. — Je ne boy que en mon breviaire, comme un beau pere guardian. — Qui feut premier, soif ou beuverye? — Soif,

— Beuvez tousjours avant la soif, et
jamais ne vous adviendra !

car qui eut beu sans soif durant le temps de innocence ?

— Beuverye, car *privatio presupponit habitum*. Je suys
clere : *Fœcundi calices quem non fecere disertum ?* —
Nous aultres innocens ne beuvons que trop sans soif.

— Non moy, pecheur, sans soif; et si non presente,
pour le moins future, la prevenent comme entendez. Je boy pour
la soif advenir. Je boy eternellement. Ce m'est eternité de beuverye, et
beuverye de eternité. Chantons, beuvons, ung motet entonnons. Où est mon entonnoir? Quoi! je ne boy que par procuration.

— Mouillez-vous pour seicher, ou vous seichez pour mouiller? — Je n'entens poinct
la theoricque; de la praticque je me ayde quelque peu. — Haste! Je mouille, je humecte,
je boy, et tout de peur de mourir. — Beuvez tousjours, vous ne mourrez jamais. — Si je
ne boy, je suys à sec, me voylà mort. Mon ame s'en fuyra en quelque grenoillère. En
sec jamais l'ame ne habite. Somelliers, o createurs de nouvelles formes, rendez-moy
de non beuvant beuvant. Perannité de arrousement par ces nerveux et secz boyaulz.
Pour neant boyt qui ne s'en sent. Cestuy entre dedans les venes, la pissotiere n'y aura
rien. — Je laveroys voluntiers les tripes de ce veau que j'ay ce matin habillé. — J'ay
bien saburré mon stomach. Si le papier de mes schedules beuvoyt aussi bien que je
foys, mes crediteurs auroient bien leur vin quand on viendroyt à la formule de exhiber.
— Ceste main vous guaste le nez. — O quants aultres y entreront avant que cestuy-
cy en sorte! Boyre à si petit gué, c'est pour rompre son poictral. Cecy s'appelle pipée

à flaccons. — Quelle difference est entre bouteille et flaccon? — Grande : car bouteille est fermée à bouchon, et flaccon à viz. — De belles! Nos péres beurent bien et vuidérent les potz. — C'est bien chié chanté, beuvons! — Voulez-vous rien mander à la rivière? cestuy cy va laver les trippes. — Je ne boy en plus qu'une esponge. — Je boy comme un templier. — Et je *tanquam sponsus.* — Et moy *sicut terra sine aqua.* — Un synonyme de jambon? — C'est une compulsoire de beuvettes, c'est un poulain. Par le

— Du blanc, verse tout, verse de par le diable!

poulain, on descend le vin en cave; par le jambon, en l'estomach. — Or çà, à boire, boire çà! Il n'y a poinct charge. *Respice personam, pone pro duos : bus non est in usu.* — Si je montois aussi bien comme j'avalle, je feusse pieçà hault en l'aer

Ainsi se feist Jacques Cueur riche.
Ainsi profitent boys en friche.
Ainsi conquesta Bacchus l'Inde.
Ainsi philosophie Melinde.

— Petite pluye abat grand vend. Longues beuvettes rompent le tonnoire. — Mais si ma couille pissoit telle urine, la vouldriez vous bien sugcer. — Je retiens après. — Paige, baille : je t'insinue ma nomination en mon tour.

....Hume Guillot,
Encores y en a il un pot.

Je me porte pour appellant de soif comme d'abus. — Paige, relieve mon appel en forme. — Ceste roignure. — Je souloys jadis boyre tout; maintenant, je n'y laisse rien. — Ne nous hastons pas et amassons bien tout. — Voy cy trippes de jeu et guodebillaux d'enuy, de ce fauveau à la raye noire. O pour Dieu, estrillons-le à profict de mesnaige. Beuvez, ou je vous....... Non, non, beuvez, je vous en prye — Les passereaux ne mangent si non que on leurs tappe les queues. Je ne boy si non qu'on me flatte. — Lagona edatera. Il n'y a raboulliere en tout mon corps où cestuy vin ne furette la soif. — Cestuy-cy me la fouette bien. — Cestuy-cy me la bannira du tout. — Cornons icy à son de flaccons et bouteilles que quiconques aura perdu la soif ne ayt à la chercher ceans. Longs clystères de beuverie l'ont faict vuyder hors le logis. — Le grand Dieu feist les planettes et nous faisons les platz netz. — J'ay la parole de Dieu en bouche : *Sitio*. La pierre dicte ἄβιστος n'est plus inextinguible que la soif de ma Paternité. — L'appetit vient en mangeant, disoyt Angest on Mans ; la soif s'en va en beuvant. — Remède contre la soif ? — Il est contraire à celluy qui est contre morsure de chien : courrez tousjours après le chien, jamais ne vous mordera ; beuvez tousjours avant la soif, et jamais ne vous adviendra. — Je vous y prens, je vous resveille. Sommelier eternel, guarde-nous de somme. Argus avoyt cent yeulx pour veoir, cent mains fault à un sommelier, comme avoyt Briareus, pour infatigablement verser. — Mouillons, hay, il faict beau seicher. — Du blanc, verse tout, verse de par le diable ! verse deçà, tout plein ; la langue me pelle. — Lans, tringue : à toy, compaing, de hayt, de hayt ! — La, la, la, c'est morfiaillé, cela *O lachryma Christi !* c'est de la Deviniere ; c'est vin pineau. — O le gentil vin blanc ! et, par mon ame, ce n'est que vin de taffetas. — Hen, hen, il est à une aureille, bien drappé et de bonne laine. — Mon compaignon, couraige ! Pour ce jeu, nous ne voulerons pas, car j'ay faict un levé. *Ex hoc in hoc.* Il n'y a poinct d'enchantement ; chascun de vous l'a veu. Je y suis maistre passé. A brum, à brum ! je suis prebstre Macé. — O les beuveurs ! O les alterez ! Paige, mon amy, emplis icy et couronne le vin, je te pry. A la cardinale. *Natura abhorret vacuum :* diriez-vous qu'une mouche y eust beu ? — A la mode de Bretaigne. — Net, net, à ce pyot. Avallez, ce sont herbes. »

Soubdain vindrent à tas saiges femmes de tous coustez

Chapitre VI

Comment Gargantua nasquit en façon bien estrange

Eulx tenens ces menuz propos de beuverie, Gargamelle commença se porter mal
du bas, dont Grandgousier se leva dessus l'herbe et la reconfortoit honestement, pensant que ce feut mal d'enfant, et luy disant qu'elle s'estoit là herbée soubz la saulsaye,
et qu'en brief elle feroit piedz neufz; par ce luy convenoit prendre couraige nouveau au
nouvel advenement de son poupon, et encores que la douleur luy feust quelque peu
en fascherie, toutesfoys que ycelle seroit briefve, et la joye qui toust succederoit luy
tolliroit tout cest ennuy, en sorte que seulement ne luy en resteroit la soubvenance.
« Couraige de brebis (disoyt-il); depeschez-vous de cestuy-cy, et bien toust en faisons
un aultre. — Ha (dist-elle), tant vous parlez à vostre aise, vous aultres hommes! Bien,
de par Dieu, je me parforceray, puis qu'il vous plaist. Mais pleust à Dieu que vous

l'eussiez coupé. — Quoy? dist Grandgousier. — Ha (dist-elle), que vous estes bon
homme! vous l'entendez bien. — Mon membre (dist-il)? Sang de les cabres! si bon
vous semble, faictes apporter un cousteau. — Ha (dist-elle), ja Dieu ne plaise! Dieu me
le pardoint, je ne le dis de bon cueur, et pour ma parolle n'en faictes ne plus ne moins.
Mais je auray prou d'affaires aujourd'huy, si Dieu ne me ayde, et tout par vostre
membre, que vous feussiez bien ayse!

— Couraige, couraige (dist-il)! ne vous souciez au reste, et laissez faire aux quatre
bœufz de devant. Je m'en voys boyre encores quelque veguade. Si ce pendent vous
survenoit quelque mal, je me tiendray près; huschant en paulme, je me rendray
à vous. »

Peu de temps après, elle commença à souspirer, lamenter et crier. Soubdain
vindrent à tas saiges femmes de tous coustez. Et la tastant par le bas, trouverent
quelques pellauderies assez de maulvais goust, et pensoyent que ce feust l'enfant; mais
c'estoit le fondement qui luy escappoit, à la mollification du droict intestine, lequel
vous appellez le boyau cullier, par trop avoir mangé des tripes, comme avons declairé
cy dessus.

Dont une horde vieille de la compaignie, laquelle avoit réputation d'estre grande
medicine, et là estoit venue de Brizepaille, d'auprès Sainct-Genou, devant soixante ans,
luy feist un restrinctif si horrible, que tous ses larrys tant feurent oppilez et reserrez,
que à grande poine avecques les dentz vous les eussiez eslargiz, qui est chose bien

L'enfant sortit par l'aureille senestre.

horrible à penser, mesmement que le diable à la messe de sainct Martin, escripvant
le quaquet de deux gualoises, à belles dentz alongea son parchemin.

Par cest inconvenient feurent au dessus relaschez les cotyledons de la matrice, par
lesquelz sursaulta l'enfant, et entra en la vene creuse, et gravant par le diaphragme

jusques au dessus des espaules (où ladicte vene se part en deux), print son chemin à gauche, et sortit par l'aureille senestre.

Soubdain qu'il fut né, ne cria comme les aultres enfans : « Mies, mies! » mais à haulte voix s'escrioit : « A boire! à boire! à boire! » comme invitant tout le monde à boire, si bien qu'il fut ouy de tout le pays de Beusse et de Bibaroys.

Je me doubte que ne croyez asseurement ceste estrange nativité. Si ne le croyez, je ne m'en soucie ; mais un homme de bien, un homme de bon sens, croit tousjours ce qu'on luy dict et qu'il trouve par escript.

Est-ce contre nostre loy, nostre foy, contre raison, contre la saincte Escripture? De ma part, je ne trouve rien escript ès Bibles sainctes qui soit contre cela. Mais si le vouloir de Dieu tel eust esté, diriez-vous qu'il ne l'eust peu faire? Ha! pour grace, ne emburelucocquez jamais vos espritz de ces vaines pensées, car je vous diz que à Dieu rien n'est impossible. Et s'il vouloit, les femmes auroient doresnavant ainsi leurs enfans par l'aureille.

Bacchus ne fut il engendré par la cuisse de Jupiter?

Rocquetaillade nasquit il pas du talon de sa mère?

Crocquemouche de la pantofle de sa nourrice?

Minerve nasquit elle pas du cerveau par l'aureille de Jupiter?

Adonis par l'escorce d'un arbre de mirrhe?

Castor et Pollux de la cocque d'un œuf pont et esclous par Leda?

Mais vous seriez bien dadvantaige esbahys et estonnez si je vous expousoys presentement tout le chapitre de Pline auquel parle des enfantemens estranges et contre nature. Et toutesfoys je ne suis poinct menteur tant asseuré comme il a esté. Lisez le septiesme de sa Naturelle histoire, cap. iij, et ne m'en tabustez plus l'entendement.

A boire ! à boire ! à boire !

... Et fut faicte une belle charrette à bœufs.

Chapitre VII

Comment le nom fut imposé à Gargantua, et comment il humoit le piot

Le bon homme Grandgousier beuvant et se rigollant aveecques les aultres, entendit le cry horrible que son filz avoit faict entrant en lumiere de ce monde, quand il brasmoit demandant à boyre, à boyre, à boyre! dont il dist: « Que grand tu as! » *supple* le gousier. Ce que ouyans les assistans, dirent que vrayement il debvoit avoir par ce le nom Gargantua, puis que telle avoit esté la première parolle de son père à sa naissance, à l'imitation et exemple des anciens Hebreux. A quoy fut condescendu par icelluy, et pleut très bien à sa mère. Et pour l'appaiser, luy donnerent à boyre à tyre larigot, et feut porté sus les fonts, et là baptisé, comme est la coustume des bons christiens.

Et luy feurent ordonnées dix et sept mille neuf cens treze vaches de Pautillé et de Brehemond, pour l'alaicter ordinairement; car de trouver nourrice suffisante n'estoit possible en tout le pays, consideré la grande quantité de laict requis pour icelluy alimenter. Combien qu'aulcuns docteurs scotistes ayent affermé que sa mère l'alaicta, et qu'elle pouvoit traire de ses mammelles quatorze cens deux pipes neuf potées de laict pour chascune foys. Ce que n'est vray semblable. Et a esté la proposition declairée mammallement scandaleuse, des pitoyables aureilles offensive, et sentent de loing heresie.

En cest estat passa jusques à un an et dix moys, onquel temps, par le conseil des Medecins, on commença le porter, et fut faicte une belle charrette à bœufs par l'invention de Jehan Denyau, dedans icelle on le pourmenoit par cy par là joyeusement : et le faisoit bon veoir, car il portoit bonne troigne et avoit presque dix et huyt mentons, et ne cryoit que bien peu ; mais il se conchioit à toutes heures : car il estoit merveilleusement

.. Soubdain demouroit coy et joyeulx.

phlegmaticque des fesses, tant de sa complexion naturelle, que de la disposition accidentale qui luy estoit advenue par trop humer de purée septembrale. Et n'en humoit goutte sans cause.

Car s'il advenoit qu'il feust despit, courroussé, fasché ou marry ; s'il trepignoyt, s'il pleuroit, s'il cryoit, luy apportant à boyre, l'on le remettoit en nature, et soubdain demouroit coy et joyeulx.

Une de ses gouvernantes m'a dict, jurant sa fy, que de ce faire il estoit tant coustumier, qu'au seul son des pinthes et flaccons il entroit en ecstase, comme s'il goustoit les joyes de paradis. En sorte qu'elles, considerans ceste complexion divine, pour le resjouir au matin faisoient devant lui sonner des verres avecques un cousteau, ou des flaccons avecques leur toupon, ou des pinthes avecques leur couvercle. Auquel son il s'esguayoit, il tressailloit, et luy-mesmes se bressoit en dodelinant de la teste, monichordisant des doigtz et barytonant du cul.

sans son houste, battoyt les buissons sans prandre les ozillons, croyoit que nues feussent pailles d'arain, et que vessies feussent lanternes, tiroyt d'un sac deux moustures, faisoyt de l'asne pour avoir du bren, de son poing faisoyt un maillet, prenoit les grues du premier sault, vouloyt que maille à maille on feist les haubergeons, de cheval donné tousjours reguardoyt en la gueulle, saultoyt du coq à l'asne, mettoyt entre deux vertes une meure, faisoyt de la terre le foussé, gardoyt la lune des loups. Si les nues tomboient esperoyt prandre les alouettes, faisoyt de necessité vertus, faisoyt de tel pain souppe, se soucioyt aussi peu des raitz comme des tonduz. Tous les matins escorchoyt le renard; les petitz chiens de son pere mangeoient en son escuelle : luy de mesmes mangeoit avecques eux. Il leurs mordoit les aureilles, ilz luy graphinoient le nez; il leurs souffloit au cul, ilz luy leschoient les badigoinces.

Et sabez quoy, hillots? Que mau de pipe vous byre! Ce petit paillard tousjours tastonnoit ses gouvernantes cen dessus dessoubs, cen devant derrière, harry bourriquet : et desjà commençoyt exercer sa braguette, laquelle un chascun jour ses gouvernantes ornoyent de beaulx boucquets, de beaulx rubans, de belles fleurs, de beaulx flocquars, et passoient leur temps à la faire revenir entre leurs mains, comme ung magdaleon d'entraict. Puis s'esclaffoient de rire quand elle levoit les aureilles, comme si le jeu leurs eust pleu.

L'une la nommoit ma petite dille, l'autre ma pine, l'autre ma branche de coural, l'autre mon bondon, mon bouchon, mon vibrequin, mon possouer, ma teriere, ma pendilloche, mon rude esbat roidde et bas, mon dressouoir, ma petite andoille vermeille, ma petite couille bredouille. « Elle est à moy, disoit l'une. — C'est la mienne, disoit l'aultre. — Moy (disoit l'aultre) n'y auray-je rien? par ma foy, je la couperay doncques. — Ha couper! (disoit l'aultre) vous luy feriez mal, ma dame; coupez vous la chose aux enfans? Il seroit Monsieur sans queue. »

Et pour s'esbattre comme les petitz enfans du pays, luy feirent un beau virollet des aesles d'un moulin à vent de Myrebalays.

On lui feist habillemens à sa livrée.

Cɧapiᴛᴦe VIII

Comment on vestit Gargantua

Luy estant en cest cage, son pere ordonna qu'on luy feist habillemens à sa livrée, laquelle estoit blanc et bleu. De faict on y besoigna, et furent faictz, taillez et cousuz à la mode qui pour lors couroit.

Par les anciens pantarches qui sont en la chambre des comptes à Montsoreau, je trouve qu'il feut vestu en la façon que s'ensuyt :

Pour sa chemise furent levées neuf cens aulnes de toille de Chasteleraud, et deux cens pour les coussons en sorte de carreaulx, lesquelz on mist soubz les esselles. Et n'estoit poinct froncée, car la fronsure des chemises n'a esté inventée sinon depuis que les lingieres, lorsque la poincte de leur agueille estoit rompue, ont commencé besoigner du cul.

Pour son pourpoinct furent levées huyt cens treize aulnes de satin blanc, et pour les agueillettes quinze cens neuf peaulx et demye de chiens. Lors commença le monde attacher les chausses au pourpoinct, et non [le pourpoinct aux chausses, car c'est chose contre nature, comme amplement a declaré Olkam sus les exponibles de M. Haul-techaussade.

Pour ses chausses furent levez unze cens cinq aulnes et ung tiers d'estamet blanc, et feurent deschicquetez en forme de colomnes striées et crenelées par le derriere, affin de n'eschaufer les reins. Et flocquoit par dedans la deschicqueture de damas bleu, tant que besoing estoit. Et notez qu'il avoit très belles griefves et bien proportionnez au reste de sa stature.

Pour la braguette feurent levées seize aulnes un quartier d'icelluy mesme drap, et fut la forme d'icelle comme d'un arc boutant, bien estachée joyeusement à deux belles boucles d'or, que prenoient deux crochetz d'esmail, en un chascun desquelz estoit enchassée une grosse esmeraugde de la grosseur d'une pomme d'orange. Car (ainsi que dict Orpheus *libro de lapidibus*, et Pline *libro ultimo*) elle a vertu erective et confortative du membre naturel. L'exiture de la braguette estoit à la longueur d'une canne, deschicquetée comme les chausses, avecques le damas bleu flottant comme davant. Mais voyans la belle brodure de canetille, et les plaisans entrelatz d'orfeverie garniz de fins diamens, fins rubiz, fines turquoyses, fines esmeraugdes, et unions persicques, vous l'eussiez comparée à une belle corne d'abondance, telle que voyez ès antiquailles, et telle que donna Rhea ès deux nymphes Adrastea et Ida, nourrices de Jupiter. Tousjours gualante, succulente, resudante, tousjours verdoyante, tousjours fleurissante, tousjours fructifiante, plene d'humeurs, plene de fleurs, plene de fruictz, plene de toutes delices. Je advoue Dieu s'il ne la faisoit bon veoir. Mais je vous en exposeray bien dadvantaige au livre que j'ay faict *De la dignité des braguettes*. D'un cas vous advertis, que si elle estoit bien longue et bien ample, si estoit elle bien guarnie au dedans et bien avitaillée, en rien ne ressemblant les hypocriticques braguettes d'un tas de muguetz, qui ne sont plenes que de vent, au grand interest du sexe feminin.

Il eut la belle espée de boys.

Pour ses souliers furent levées quatre cens six aulnes de velours bleu cramoysi, et furent deschicquetez mignonement par lignes paralleles joinctes en cylindres uniformes. Pour la quarreleure d'iceulx furent employez unze cens peaulx de vache brune, taillée à queues de merluz.

Pour son saie furent levez dix et huyt cens aulnes de velours bleu tainct en grene, brodé à l'entour de belles vignettes, et par le mylieu de pinthes d'argent de canetille, enchevestrées de verges d'or avecques force perles, par ce denotant qu'il seroit un bon fessepinthe en son temps.

Sa ceincture feut de troys cens aulnes et demye de cerge de soye, moytié blanche et moytié bleu, ou je suis bien abusé.

Son espée ne feut valentienne, ny son poignard sarragossoys, car son pere hayssoit tous ces Indalgos Bourrachous marranisez comme diables; mais il eut la belle espée de boys, et le poignard de cuir bouilly, pinctz et dorez comme un chascun soubhaiteroit.

Sa bourse fut faicte de la couille d'un oriflant que luy donna Her Pracontal, proconsul de Libye.

Pour sa robbe furent levées neuf mille six cens aulnes moins deux tiers de velours bleu comme dessus, tout porfilé d'or en figure diagonale, dont par juste perspective yssoit une couleur innommée, telle que voyez ès coulz des tourterelles, qui resjouissoit merveilleusement les yeulx des spectateurs.

Pour son bonnet furent levées troys cens deux aulnes ung quart de velours blanc, et feut la forme d'icelluy large et ronde à la capacité du chief. Car son pere

Et furent faictz, taillez et cousuz à la mode

disoit que ces bonnetz à la marrabeise faictz comme une crouste de pasté porteroient quelque jour malencontre à leurs tonduz.

Pour son plumart pourtoit une belle grande plume bleue prinse d'un onocrotal du pays de Hircanie la saulvaige, bien mignonnement pendente sus l'aureille droicte.

Pour son image avoit en une platine d'or, pesant soixante et huyt marcz, une figure d'esmail competent, en laquelle estoit pourtraict un corps humain ayant deux testes, l'une virée vers l'autre, quatre bras, quatre piedz, et deux culz, telz que dict Platon *in Symposio* avoir esté l'humaine nature à son commencement mystic, et autour estoit escript en lettres ioniques : ΑΓΑΠΗ ΟΥ ΖΗΤΕΙ ΤΑ ΕΑΥΤΗΣ.

Pour porter au col eut une chaine d'or pesante vingt et cinq mille soixante et troys marcz d'or, faicte en forme de grosses bacces, entre lesquelles estoient en œuvre gros jaspes verds, engravez et taillez en dracons tous environnez de rayes et estincelles, comme les portoit jadis le roy Necepsos. Et descendoit jusque à la boucque du hault ventre. Dont toute sa vie en eut l'emolument tel que sçavent les medecins Gregoys.

Pour ses guands furent mises en œuvre seize peaulx de lutins, et troys de loups guarous pour la brodure d'iceulx. Et de telle matiere lui feurent faictz par l'ordonnance des Cabalistes de Sainlouand.

Pour ses aneaulx (lesquelz voulut son pere qu'il portast pour renouveller le signe antique de noblesse) il eut au doigt indice de sa main gauche une escarboucle grosse comme un œuf d'austruche, enchassée en or de seraph bien mignonement. Au doigt medical d'icelle, eut un aneau faict des quatre metaulx ensemble, en la plus merveilleuse façon que jamais feust veue, sans que l'assier froissast l'or, sans que l'argent foullast le cuyvre. Le tout fut faict par le capitaine Chappuys, et Alcofribas son bon facteur. Au doigt medical de la dextre eut un aneau faict en [forme spirale, auquel estoient enchassez un balay en perfection, un diamant en poincte, et une esmeraulde de Physon, de pris inestimable. Car Hans Carvel, grand lapidaire du roy de Melinde, les estimoit à la valeur de soixante neuf millions huyt cens nonante et quatre mille dix et huyt moutons à la grand laine ; autant l'estimerent les Fourques d'Auxbourg.

Pour porter au col eut une chaine d'or pesante...

Joye, plaisir, delices et resjouissance.

Chapitre IX

Les couleurs et livrée de Gargantua

Les couleurs de Gargantua feurent blanc et bleu, comme cy dessus avez peu lire. Et par icelles vouloit son pere qu'on entendist que ce luy estoit une joye celeste. Car le blanc luy signifioit joye, plaisir, delices et resjouissance, et le bleu, choses celestes.

J'entends bien que, lisans ces motz, vous vous mocquez du vieil beuveur, et reputez l'exposition des couleurs par trop indague et abhorrente ; et dictes que blanc signifie foy, et bleu fermeté ; mais sans vous mouvoir, courroucer, eschaufer ny alterer (car le temps est dangereux) respondez-moy, si bon vous semble. D'aultre contraincte ne useray envers vous, ny aultres quelz qu'ilz soient. Seulement vous diray un mot de la bouteille.

Qui vous meut ? qui vous poinct ? qui vous dict que blanc signifie foy, et bleu fermeté ? Un (dictes-vous) livre trepelu qui se vend par les bisouars et porteballes, au tiltre : le Blason des couleurs. Qui l'a faict ? Quiconques il soit, en ce a esté prudent qu'il n'y a poinct mis son nom. Mais au reste, je ne sçay quoy premier en luy je doibve admirer, ou son oultrecuidance, ou sa besterie.

Son oultrecuidance, qui sans raison, sans cause et sans apparence, a ausé prescripre de son autorité privée quelles choses seroient denotées par les couleurs ; ce que est l'usance des tyrans, qui voulent leur arbitre tenir lieu de raison ; non des saiges et sçavans, qui par raisons manifestes contentent les Lecteurs.

Sa besterie, qui a existimé que sans aultres demonstrations et argumens valables le monde reigleroit ses devises par ses impositions badaudes.

De faict (comme dict le proverbe, à cul de foyrad toujours abonde merde), il a trouvé quelque reste de niays du temps des haultz bonnetz, lesquelz ont eu foy à ses escripts, et selon iceulx ont taillé leurs apophthegmes et dictez, en ont enchevestré leurs muletz, vestu leurs pages, escartelé leurs chausses, brodé leurs guandz, frangé leurs lictz, painct leurs enseignes, composé chansons, et (que pis est) faict impostures et lasches tours clandestinement entre les pudicques matrones.

En pareilles tenebres sont comprins ces glorieux de court et transporteurs de noms, lesquelz voulens en leurs divises signifier espoir, font protraire une sphere, des pennes d'oiseaulx pour poines, de l'ancholie pour melancholie, la lune bicorne pour vivre en croissant, un banc rompu pour bancque roupte, non et un haleret pour non dur habit, un lict sans ciel pour un licencié. Que sont homonymies tant ineptes, tant fades, tant rusticques et barbares, que l'on doibvroit atacher une queue de renard au collet, et faire un masque d'une bouze de vache à un chascun d'iceulx qui en vouldroit dorenavant user en France, après la restitution des bonnes lettres.

Par mesmes raisons (si raisons les doibz nommer, et non resveries), ferois je paindre un penier, denotant qu'on me faict pener. Et un pot à moustarde, que c'est mon cueur à qui moult tarde. Et un pot à pisser, c'est un official ; et le fond de mes chausses, c'est un vaisseau de petz. Et ma braguette, c'est le greffe des arrestz. Et un estront de chien, c'est un tronc de ceans, où gist l'amour de m'amye.

Bien aultrement faisoient en temps jadis les saiges de Egypte, quand ils escripvoient par lettres qu'ils appelloient hieroglyphiques, lesquelles nul n'entendoit qui n'entendist, et un chascun entendoit qui entendist la vertu, proprieté et nature des choses par icelles figurées, desquelles Orus Apollon a en grec composé deux livres, et Polyphile au Songe d'amours en a davantaige exposé. En France vous en avez quelque transon en la devise de monsieur l'Admiral, laquelle premier porta Octavian Auguste.

Mais plus oultre ne fera voile mon equif entre ces gouffres et guez mal plaisans. Je retourne faire scale au port dont suis yssu. Bien ay je espoir d'en escripre quelque jour plus amplement, et monstrer tant par raisons philosophicques que par auctoritez receues et approuvées de toute ancienneté, quelles et quantes couleurs sont en nature, et quoy par une chascune peut estre designé, si Dieu me saulve le moule du bonnet, c'est le pot au vin, comme disoit ma mere grand.

Gargantua en son berceau.

Chapitre X

De ce qu'est signifié par les couleurs blanc et bleu

Le blanc doncques signifie joye, soulas et liesse, et non à tort le signifie, mais à bon droict et juste tiltre. Ce que pourrez verifier si, arriere mises vos affections, voulez entendre ce que presentement vous exposeray.

Aristoteles dict que, supposent deux choses contraires en leur espece, comme bien et mal, vertu et vice, froid et chauld, blanc et noir, volupté et doleur, joye et dueil, et ainsi des aultres, si vous les coublez en telle façon qu'un contraire d'une espece convienne raisonnablement à l'un contraire d'une aultre, il est consequent que l'autre contraire compete avecques l'autre residu. Exemple : Vertus et Vice sont contraires en une espece, aussy sont Bien et Mal. Si l'un des contraires de la premiere espece convient à l'un de la seconde, comme Vertus et Bien, car il est sceu que Vertus est bonne, ainsi seront les deux residuz, qui sont Mal et Vice, car vice est maulvais.

Ceste reigle logicale entendue, prenez ces deux contraires, joye et tristesse, puis ces deux, blanc et noir : car ilz sont contraires physicalement. Si ainsi doncques est que noir signifie dueil, à bon droict blanc signifiera joye.

Et n'est cette signifiance par imposition humaine instituée, mais receue par consentement de tout le monde, que les philosophes nomment *Jus Gentium*, droict universel, valable par toutes contrées.

Comme assez sçavez que tous peuples, toutes nations (je excepte les antiques Syracusans et quelques Argives, qui avoient l'âme de travers), toutes langues, voulons exteriorement demonstrer leur tristesse, portent habit de noir, et tout dueil est faict par noir. Le quel consentement universel n'est faict que Nature n'en donne quelque argument et raison, laquelle un chascun peut soubdain par soy comprendre sans aultrement estre instruict de personne, laquelle nous appellons droict naturel.

Par le blanc, à mesmes induction de nature, tout le monde a entendu joye, liesse, soulas, plaisir et delectation.

Au temps passé les Thraces et Cretes signoient les jours bien fortunez et joyeux de pierres blanches, les tristes et defortunez de noires.

La nuyct n'est elle funeste, triste et melancholicuse? Elle est noire et obscure par privation. La clarté n'esjouit elle toute nature? Elle est blanche plus que chose que soit. A quoy prouver je vous pourrois renvoyer au livre de Laurens Valle contre Bartole ; mais le tesmoignage evangelicque vous contentera. Matth. xvij est dict que à la transfiguration de nostre Seigneur, *vestimenta ejus facta sunt alba sicut lux :* ses vestemens feurent faictz blancs comme la lumiere. Par laquelle blancheur lumineuse donnoit entendre à ses troys apostres l'idée et figure des joyes eternelles. Car par la clarté sont tous humains esjouiz. Comme vous avez le dict d'une vieille que n'avoit dens en gueule, encores disoit elle : *Bona lux.* Et Tobie, cap. v, quand il eut perdu la veue, lors que Raphael le salua, respondit : Quelle joye pourray je avoir, qui poinct ne voy la lumiere du ciel? En telle couleur tesmoignerent les Anges la joye de tout l'univers à la resurrection du Saulveur, Joan. xx, et à son ascension, Act. j. De semblable parure veit sainct Jean evangeliste, Apocal. iiij et vij, les fideles vestuz en la celeste et beatifiée Hierusalem.

Lisez les histoires antiques tant grecques que romaines : vous trouverez que la ville de Albe (premier patron de Rome) feut et construicte et appellée a l'invention d'une truye blanche.

Vous trouverez que si à aulcun, après avoir eu des ennemis victoire, estoit decreté qu'il entrast à Rome en estat triumphant, il y entroit sur un char tiré par chevaulx blancs. Autant celluy qui y entroit en ovation; car par signe ny couleur ne pouvoyent plus certainement exprimer la joye de leur venue, que par la blancheur.

Vous trouverez que Pericles, duc des Atheniens, voulut celle part de ses gens-d'armes esquelz par sort estoient advenues les febves blanches passer toute la journée en joye, solas et repos, cependant que ceulx de l'aultre part batailleroient. Mille aultres exemples et lieux à ce propos vous pourrois je exposer, mais ce n'est icy le lieu.

Moyennant laquelle intelligence povez resoudre un probleme, lequel Alexandre Aphrodisé a reputé insoluble : Pourquoy le leon, qui de son seul cry et rugissement espovante tous animaulx, seulement crainct et revere le coq blanc? Car (ainsi que dict Proclus *Lib. de sacrificio et magia*) c'est parce que la presence de la vertus du Soleil, qui est l'organe et promptuaire de toute lumiere terrestre et syderale, plus est symbo-

Les petitz chiens de son pere mangeoient en son escuelle.

lisante et competente au Coq blanc, tant pour icelle couleur que pour sa proprieté et ordre specificque, que au leon. Plus dict, que en forme leonine ont esté diables souvent veuz, lesquelz à la presence d'un coq blanc soubdainement sont disparuz.

Ce est la cause pourquoy Galli (ce sont les Françoys, ainsi appellez parceque blancs sont naturellement comme laict, que les Grecz nomment γαλα) voluntiers portent plumes blanches sus leurs bonnetz. Car par nature ilz sont joyeux, candides, gratieux et bien amez, et pour leur symbole et enseigne ont la fleur plus que nulle aultre blanche, c'est le lys.

Si demandez comment par couleur blanche nature nous induict entendre joye et liesse, je vous responds que l'analogie et conformité est telle. Car comme le blanc exteriorement disgrege et espart la veue, dissolvent manifestement les espritz visifz, selon l'opinion de Aristoteles en ses problemes, et les perspectifz : et le voyez par experience quand vous passez les montz couvers de neige, en sorte que vous plaignez de ne pouvoir bien reguarder, ainsi que Xenophon escript estre advenu à ses gens, et comme Galen expose amplement lib. x, *de usu partium.* Tout ainsi le cueur par joye excellente est interiorement espart, et patist manifeste resolution des esperitz vitaulx, laquelle tant peut estre acreue, que le cueur demoureroit spolié de son entretien, et par consequent seroit la vie estaincte par ceste perichairie, comme dict Galen, lib. xij, *Metho.,* lib. v, *de locis affectis,* et lib. ij, *de symptomaton causis,* et comme estre au temps passé advenu tesmoignent Marc Tulle, lib. j, *Quæstio. Tuscul.,* Verrius, Aristoteles, Tite-Live, après la bataille de Cannes, Pline, lib. vij, c. xxxij et liij, A. Gellius, lib. iij, xv, et aultres, à Diagoras Rodien, Chilo, Sophocles, Dionys, tyrant de Sicile, Philippides, Philemon, Polycrata, Philistion, M. Juventi, et aultres, qui moururent de joye. Et comme dict Avicenne, *in ij. Canone, et Lib. de Viribus cordis.* du zaphran, lequel tant esjouist le cueur qu'il le despouille de vie, si on en prend en dose excessifve, par resolution et dilatation superflue. Icy voyez Alex. Aphrodisien, *Lib. primo problematum,* cap. xix. Et pour cause. Mais quoy! j'entre plus avant en ceste matiere que n'establissois au commencement. Icy doncques calleray mes voilles, remettant le reste au livre en ce consommé du tout. Et diray en un mot que le bleu signifie certainement le ciel et choses celestes, par mesmes symboles que le blanc signifioit joye et plaisir.

Chapitre XI

De l'adolescence de Gargantua

Ce petit paillard tousjours tastounoit ses gouvernantes.

Gargantua, depuis les troys jusques à cinq ans, feut nourry et institué en toute discipline convenente, par le commandement de son pere, et celluy temps passa comme les petitz enfans du pays, c'est assavoir : à boyre, manger et dormir; à manger, dormir et boyre; à dormir, boyre et manger.

Tousjours se vaultroit par les fanges, se mascaroyt le nez, se chauffourroit le visaige, aculoyt ses souliers, baisloit souvent aux mousches, et couroit voulentiers après les parpaillons, desquelz son pere tenoit l'empire. Il pissoit sus ses souliers, il chyoit en sa chemise, il se mouschoyt à ses manches, il mourvoit dedans sa soupe et patroilloit par tous lieux, et beuvoit en sa pantoufle, et se frottoit ordinairement le ventre d'un panier.

Ses dens aguysoit d'un sabot, ses mains lavoit de potaige, se pignoit d'un goubelet, se asséoyt entre deux selles le cul à terre, se couvroyt d'un sac mouillé, beuvoyt en mangeant sa souppe, mangeoit sa fouace sans pain, mordoyt en riant, rioyt en mordent, souvent crachoyt on bassin, pettoyt de greysse, pissoyt contre le soleil, se cachoyt en l'eau pour la pluye, battoyt à froid, songeoyt creux, faisoyt le succré, escorchoyt le renard, disoit la patenostre du cinge, retournoit à ses moutons, tournoyt les truyes au foin, battoyt le chien devant le lion, mettoyt la charrette devant les beufz, se grattoyt où ne lui demangeoyt poinct, tiroit les vers du nez, trop embrassoyt et peu estraignoyt, mangeoyt son pain blanc le premier, ferroyt les cigalles, se chatouilloyt pour se faire rire, ruoyt très bien en cuisine, faisoyt gerbe de feurre aux dieux, faisoyt chanter *Magnificat* à matines, et le trouvoyt bien à propous; mangeoyt chous et chioyt pourrée, cognoissoyt mousches en laict, faisoyt perdre les pieds aux mousches, ratissoyt le papier, chauffourroyt le parchemin, guaignoyt au pied, tiroyt au chevrotin, comptoyt

Le seigneur de Painensac visita son pere en gros
train et apparat.

Chapitre XII

Des chevaulx factices de Gargantua

Puis, affin que toute sa vie feust bon chevaulcheur, l'on luy feist un beau grand cheval de boys, lequel il faisoit penader, saulter, voltiger, ruer et danser tout ensemble, aller le pas, le trot, l'entrepas, le gualot, les ambles, le hobin, le traquenard, le camelin et l'onagrier. Et luy faisoit changer de poil, comme font les moines de Courtibaux, selon les festes : de bailbrun, d'alezan, de gris pommellé, de poil de rat, de cerf, de rouen, de vache, de zencle, de pœcile, de pye, de leuce.

Luy mesmes d'une grosse traine fist un cheval pour la chasse ; un aultre d'un fust de pressouer à tous les jours, et d'un grand chaisne une mulle avecques la housse pour la chambre. Encores en eut il dix ou douze à relays, et sept pour la poste ; et tous mettoit coucher auprès de soy.

Un jour le seigneur de Painensac visita son pere en gros train et apparat, auquel jour l'estoient semblablement venuz veoir le duc de Francrepas et le comte de Mouillevent. Par ma foy, le logis feut un peu estroict pour tant de gens, et singulierement les estables ; donc le maistre d'hostel et fourrier dudict seigneur de Painensac, pour scavoir si ailleurs en la maison estoient estables vacques, s'adresserent à Gargantua, jeune garsonnet, luy demandans secrettement où estoient les estables des grands chevaulx, pensans que volontiers les enfants decellent tout.

Lors il les mena par les grands degrez du chasteau, passant par la seconde salle, en une grande gualerie par laquelle entrerent en une grosse tour, et eulx montans par d'aultres degrez, dist le fourrier au maistre d'hostel : « C'est enfant nous abuse, car les estables ne sont jamais au hault de la maison. — C'est, dit le maistre d'hostel, mal entendu à vous : car je scay des lieux à Lyon, à la Basmette, à Chaisnon et ailleurs, où les estables sont au plus hault du logis ; ainsi peut estre que derriere y a yssue au montouer. Mais je le demanderai plus

Lequel il faisoit saulter, voltiger, ruer.

asseurement. » Lors demanda à Gargantua : « Mon petit mignon, où nous menez vous ? — A l'estable (dist il) de mes grands chevaulx. Nous y sommes tantost : montons seulement ces eschallons. »

Puis, les passant par une aultre grande salle, les mena en sa chambre, et retirant la porte : « Voicy (dist il) les estables que demandez ; voilà mon Genet, voilà mon Guildin, mon Lavedan, mon Traquenard ; » et les chargent d'un gros livier : « Je vous donne (dist il) ce Phryzon ; je l'ay eu de Francfort, mais il sera vostre ; il est bon petit chevallet, et de grand peine : avecques un tiercelet d'autour, demye douzaine d'hespanolz et deux levriers, vous voylà roy des perdrys et lievres pour tout cest hyver. — Par sainct Jean ! (dirent ilz) nous en sommes bien ; à ceste heure avons nous le moine. — Je le vous nye, dist il. Il ne fut troys jours a ceans. »

Devinez icy duquel des deux ilz avoient plus matiere, ou de soy cacher pour leur honte, ou de ryre pour le passetemps.

Eulx en ce pas descendens tous confus, il demanda : « Voulez vous une aubeliere ? — Qu'est ce, disent ilz ? — Ce sont (respondit il) cinq estroncz pour vous faire une museliere.

— Pour cejourd'huy (dit le maistre d'hostel) si nous sommes roustiz jà au feu ne bruslerons, car nous sommes lardez à poinct, en mon advis. O petit mignon, tu nous as

Lors il les mena par les grands degrez du chasteau.

baillé foin en corne; je te voirray quelque jour pape. — Je l'entendz (dist il) ainsi ; mais lors vous serez papillon, et ce gentil papeguay sera un papelard tout faict. — Voyre, voyre, dist le fourrier.

— Mais (dist Gargantua) divinez combien y a de poincts d'agueille en la chemise de ma mere. — Seize, dist le fourrier. — Vous (dist Gargantua) ne dictes l'evangile : car il y en a sens davant et sens derriere, et les comptastes trop mal. — Quand ? (dist le fourrier) — Alors (dist Gargantua) qu'on feist de vostre nez une dille pour tirer un muy de merde, et de vostre gorge un entonnoir pour la mettre en aultre vaisseau, car les fondz estoient esventez. — Cor dieu (dist le maistre d'hostel) nous avons trouvé un causeur. Monsieur le jaseur, Dieu vous guard de mal, tant vous avez la bouche fraische. »

Ainsi descendens à grand haste, soubz l'arceau des degrez laisserent tomber le gros livier qu'il leurs avoit chargé : dont dist Gargantua : « Que diantre vous estes maulvais chevaulcheurs ! Vostre courtault vous fault au besoing. Se il vous falloit aller d'icy à Cahusac, que aimeriez vous mieulx, ou chevaulcher un oyson, ou mener une truye en laisse ? — J'aymerois mieulx boyre, dist le fourrier. »

Et ce disant entrerent en la sale basse, où estoit toute la briguade, et, racontans ceste nouvelle histoire, les feirent rire comme un tas de mousches.

Chapitre XIII

Comment Grandgousier congneut l'esperit merveilleux de Gargantua à l'invention d'un torchecul

Grandgousier retournant de la defaicte des Ganarriens.

Sus la fin de la quinte année, Grandgousier, retournant de la defaicte des Ganarriens, visita son filz Gargantua. Là fut resjouy comme un tel pere povoit estre voyant un sien tel enfant; et le baisant et accollant l'interrogeoyt de petitz propos pueriles en diverses sortes. Et beut d'autant avecques luy et ses gouvernantes, esquelles par grand soing demandoit entre aultres cas si elles l'avoient tenu blanc et nect. A ce Gargantua feist response qu'il y avoit donné tel ordre qu'en tout le pays n'estoit guarson plus nect que luy. « Comment cela ? » dist Grandgousier.

« J'ai (respondit Gargantua) par longue et curieuse experience inventé un moyen de me torcher le cul, le plus seigneurial, le plus excellent, le plus expedient que jamais feut veu. — Quel ? dict Grandgousier. — Comme vous le raconteray (dist Gargantua) presentement.

« Je me torchay une foys d'un cachelet de velours de une damoiselle, et le trouvay bon : car la mollice de sa soye me causoit au fondement une volupté bien grande.

» Une aultre foys d'un chapron d'ycelles, et feut de mesmes.

» Une aultre foys d'un cachecoul, une aultre foys des aureillettes de satin cramoysi; mais la dorure d'un tas de spheres de merde qui y estoient m'escorcherent tout le derriere; que le feu sainct Antoine arde le boyau cullier de l'orfebvre qui les feist et de la damoiselle que les portoit!

» Ce mal me passa me torchant d'un bonnet de paige, bien emplumé à la Souice.

» Puis, fiantant derriere un buisson, trouvay un chat de Mars: d'icelluy me torchay; mais ses gryphes me exulcererent tout le perinée.

» De ce me gueryz au lendemain, me torchant des guands de ma mere, bien parfumez le maujoin.

» Puis me torchay de saulge, de fenoil, de aneth, de marjolaine, de roses, de feuilles de courles, de choulx, de bettes, de pampre, de guimaulves, de verbasce (qui est escarlatte de cul), de lactues et de fueilles de espinards. Le tout me feist grand bien à ma jambe; de mercuriale, de persiguiere, de orties, de consolde; mais j'en eu la cacquesangue de Lombard. Dont feu gary me torchant de ma braguette.

» Puis me torchay aux linceux, à la couverture, aux rideaulx, d'un coissin, d'un tapis, d'un verd, d'une mappe, d'une serviette, d'un mouschenez,

J'aymerois mieulx boyre...

d'un peignouoir. En tout je trouvay de plaisir plus que ne ont les roigneux quand on les estrille.

— Voire, mais (dist Grandgousier) lequel torchecul trouvas tu meilleur ? — Je y estois (dist Gargantua) et bien toust en sçaurez le *tu autem*. Je me torchay de foin, de paille, de bauduffe, de bourre, de laine, de papier. Mais,

> Tousjours laisse aux couillons esmorche,
> Qui son hord cul de papier torche.

— Quoy ! dist Grandgousier, mon petit couillon, as tu prins au pot, veu que tu rimes desjà ? — Ouy dea (respondit Gargantua) mon roy, je rime tant et plus, et en rimant souvent m'enrime. Escoutez que dict nostre retraict aux fianteurs.

> Chiart,
> Foirart.
> Petart,
> Brenous.
> Ton lard.
> Chappart.
> S'espart
> Sus nous.
> Hordous.
> Merdous.
> Esgous,
> Le feu de sainct Antoine te ard.
> Sy tous
> Tes trous
> Esclous
> Tu ne torche avant ton depart.

En voulez vous dadventaige ? — Ouy dea, respondist Grandgousier. — Adoncq dist Gargantua.

RONDEAU

> En chiant l'aultre hyer senty
> La guabelle que à mon cul doibs :
> L'odeur feut aultre que cuydois :
> J'en feuz du tout empuanty.
>   O ! si quelc'un eust consenty
> M'amener une que attendoys
>   En chiant,
> Car je luy eusse assimenty
> Son trou d'urine à mon lourdoys :
> Cependant eust avec ses doigtz
> Mon trou de merde guarenty
>   En chiant.

Or dictes maintenant que je n'y sçay rien. Par la mer dé, je ne les ay faict mie ; mais les oyant reciter à dame grand que voyez cy, les ay retenu en la gibbesiere de ma memoire.

— Retournons (dist Grandgousier) à nostre propos. — Quel? (dist Gargantua) chier? — Non, dist Grandgousier, mais torcher le cul. — Mais (dist Gargantua) voulez vous payer un bussart de vin breton si je vous foys quinault en ce propos? — Ouy vrayement, dist Grandgousier.

— Il n'est, dist Gargantua, poinct besoing torcher le cul, sinon qu'il y ayt ordure; ordure n'y peut estre si on n'a chié; chier doncques nous fault davant que le cul torcher. — O (dist Grandgousier, que tu as bon sens, petit guarsonnet! Ces premiers jours je te feray passer docteur en gaie science, par Dieu, car tu as de raison plus que d'aage.

» Or poursuiz ce propos torcheculatif, je t'en prie. Et par ma barbe, pour un bussart tu auras soixante pippes, j'entends de ce bon vin breton, lequel poinct ne croist en Bretaigne, mais en ce bon pays de Verron.

— Je me torchay après (dist Gargantua) d'un couvrechief, d'un aureiller, d'ugne pantophle; d'ugne gibbessiere, d'un panier; mais ô le mal plaisant torchecul! puis d'un chappeau. Et notez que des chappeaulx les uns sont ras, les aultres à poil, les aultres veloutez, les aultres taffetassez, les aultres satinizez. Le meilleur de tous est celluy de poil : car il faict très bonne abstersion de la matiere fecale.

» Puis me torchay d'une poulle, d'un coq, d'un poulet, de la peau d'un veau, d'un lievre, d'un pigeon, d'un cormoran, d'un sac d'advocat, d'une barbute, d'une coyphe, d'un leurre.

» Mais, concluent, je dys et maintiens qu'il n'y a tel torchecul que d'un oyzon bien dumeté, pourveu qu'on luy tienne la teste entre les jambes. Et m'en croyez sus mon honneur : car vous sentez au trou du cul une volupté mirificque, tant par la doulceur d'icelluy dumet que par la chaleur temperée de l'oizon, laquelle facilement est communicquée au boyau culier et aultres intestines, jusques à venir à la region du cueur et du cerveau. Et ne pensez que la beatitude des heroes et semi-dieux qui sont par les champs Elysiens soit en leur Asphodele, ou Ambrosie, ou Nectar, comme disent ces vieilles ycy. Elle est (selon mon opinion) en ce qu'ilz se torchent le cul d'un oyzon. Et telle est l'opinion de maistre Jehan d'Escosse. »

Le beau grand cheval de boys de Gargantua.

Chapitre XIV

Comment Gargantua feut institué par un Sophiste en lettres latines

Ces propos entenduz, le bon homme Grandgousier fut ravy en admiration, considerant le hault sens et merveilleux entendement de son filz Gargantua.

Et dist à ses gouvernantes : « Philippe roy de Macedone congneut le bon sens de son fils Alexandre, à manier dextrement un cheval. Car ledict cheval estoit si terrible et efrené, que nul ausoit monter dessus, par ce que à tous ses chevaucheurs il bailloit la saccade, à l'un rompant le coul, à l'aultre les jambes, à l'aultre la cervelle, à l'aultre les mandibules. Ce que considerant Alexandre en l'hippodrome (qui estoit le lieu où l'on pourmenoit et voultigeoit les chevaulx), advisa que la fureur du cheval ne venoit que de frayeur qu'il prenoit à son umbre. Dont montant dessus, le feist courir encontre le soleil, si que l'umbre tumboit par derrière, et par ce moïen rendit le cheval doulx à son vouloir. A quoy congneut son pere le divin entendement qui en luy estoit, et le feist tresbien endoctriner par Aristoteles, qui pour lors estoit estimé sus tous philosophes de Grece.

» Mais je vous diz qu'en ce seul propos que j'ay presentement davant vous tenu à mon filz Gargantua, je congnois que son entendement participe de quelque divinité, tant je le voy agu, subtil, profund et serain. Et parviendra à degré souverain de sapience, s'il est bien institué. Pourtant, je veulx le bailler à quelque homme sçavant, pour l'endoctriner selon sa capacité. Et n'y veulx rien espargner. »

De fait, l'on luy enseigna un grand docteur sophiste, nommé maistre Thubal Holoferne, qui luy aprint sa charte si bien qu'il la disoit par cueur au rebours ; et y fut cinq ans et troys mois. Puis luy leut Donat, le Facet, Theodolet et Alanus *in parabolis;* et y fut treze ans six moys et deux sepmaines.

Mais notez que ce pendent il luy aprenoit à escripre gotticquement, et escripvoit tous ses livres, car l'art d'impression n'estoit encores en usaige.

Le grand docteur sophiste, maistre Thubal Holoferne.

Et portoit ordinairement un gros escriptoire, pesant plus de sept mille quintaulx, duquel le gualimart estoit aussi gros et grand que les gros pilliers de Enay : et le cornet y pendoit à grosses chaines de fer, à la capacité d'un tonneau de marchandise.

Puis luy leugt *De modis significandi*, avecques les commens de Hurtebize, de Fasquin, de Tropditeulx, de Gualehaul, de Jean le Veau, de Billonio, Brelinguandus, et un tas d'aultres : et y fut plus de dixhuyt ans et unze moys. Et le sceut si bien que au coupeland il le rendoit par cueur à revers. Et prouvoit sus ses doigtz à sa mere que *de modis significandi non erat scientia*.

Puis luy leugt le Compost, où il fut bien seize ans et deux moys, lors que son dict precepteur mourut :

Et fut l'an mil quatre cens et vingt.
De la verolle qui luy vint.

Un aultre vieux tousseux nommé Jobelin Bridé.

Après en eut un aultre vieux tousseux, nommé maistre Jobelin Bridé, qui luy leugt Hugutio, Hebrard, Grecisme, le Doctrinal, les Pars, le *Quid est*, le *Supplementum, Marmotret, De moribus in mensa servandis*, Seneca *de quatuor Virtutibus cardinalibus*, Passavantus *cum commento* et *Dormi secure* pour les festes, et quelques aultres de semblable farine ; à la lecture desquelz il devint aussi saige qu'oncques puis ne fourneasmes nous.

Chapitre XV

Comment Gargantua fut mis soubz aultres pedagoges

Atant son pere aperceut que vrayement il estudioit tresbien et y mettoit tout son temps, toutesfoys qu'en rien ne prouffitoit. Et qui pis est, en devenoit fou, niays, tout resveux et rassoté.

De quoi se complaignant à Don Philippe des Marays, Viceroy de Papeligosse, entendit que mieulx luy vauldroit rien n'aprendre, que telz livres soubz telz precepteurs aprendre. Car leur sçavoir n'estoit que besterie, et leur sapience n'estoit que moufles, abastardisant les bons et nobles esperitz, et corrompent toute fleur de jeunesse. « Qu'ainsi soit, prenez (dist-il) quelc'un de ces jeunes gens du temps present, qui ait seulement estudié deux ans: en cas qu'il ne ait meilleur jugement, meilleures parolles, meilleur propos que vostre filz, et meilleur entretien et honnesteté entre le monde, reputez-moy à jamais un taillebacon de la Brene. » Ce que à Grand-gousier pleut tresbien, et commanda qu'ainsi feust faict.

Un jeune paige de Ville Gongys.

Au soir en soupant, ledict des Marays introduict un sien jeune paige de Ville Gongys, nommé Eudemon, tant bien testonné, tant bien tiré, tant bien espoussoté, tant honneste en son maintien, que trop mieulx resembloit quelque petit angelot qu'un homme. Puis dist à Grandgousier :

« Voyez vous ce jeune enfant ? Il n'a encor douze ans : voyons, si bon vous semble, quelle difference y a entre le sçavoir de vos resveurs mateologiens du temps jadis et les jeunes gens de maintenant. » L'essay pleut à Grandgousier, et commanda que le paige propozast.

Alors Eudemon, demandant congié de ce faire audict viceroy son maistre, le bonnet au poing, la face ouverte, la bouche vermeille, les yeulx asseurez et le reguard assis sus Gargantua, avecques modestie juvenile se tint sus ses pieds, et commença le louer et magnifier, premierement de sa vertus et bonnes mœurs, secondement de son sçavoir, tiercement de sa noblesse, quartement de sa beaulté corporelle. Et pour le quint doulce-ment l'exhortoit à reverer son pere en toute observance, lequel tant s'estudioit à bien le faire instruire ; enfin le prioit qu'il le voulsist retenir pour le moindre de ses servi-teurs. Car aultre don pour le present ne requeroit des cieulx, sinon qu'il luy feust faict grace de luy complaire en quelque service agreable.

Le tout feut par icelluy proferé avecques gestes tant propres, prononciation tant distincte, voix tant eloquente et languaige tant aorné et bien latin, que mieulx resembloit un Gracchus, un Ciceron ou un Emilius du temps passé qu'un jouvenceau de ce siècle.

Grandgousier envoyant maistre Jobelin
à tous les diables.

Mais toute la contenence de Gargantua fut qu'il se print à plorer comme une vache, et se cachoit le visaige de son bonnet, et ne fut possible de tirer de luy une parolle, non plus qu'un pet d'un asne mort.

Dont son pere fut tant courroussé, qu'il voulut occire maistre Jobelin. Mais ledict des Marays l'enguarda par belle remonstrance qu'il luy feist, en maniere que fut son ire moderée. Puis commenda qu'il feust payé de ses guaiges, et qu'on le feist bien chopiner sophisticquement ; ce faict, qu'il allast à tous les diables. « Au moins (disoit-il) pour le jourd'huy ne coustera il gueres à son houste, si d'aventure il mouroit ainsi sou comme un Angloys. »

Maistre Jobelin party de la maison, consulta Grandgousier avecques le viceroy quel precepteur l'on luy pourroit bailler, et feut avisé entre eulx que à cest office seroit mis Ponocrates, pedaguoge de Eudemon, et que tous ensemble iroient à Paris, pour congnoistre quel estoit l'estude des jouvenceaulx de France pour icelluy temps.

Elle estoit grande comme six oriflans.

Chapitre XVI

Comment Gargantua fut envoyé à Paris, et de l'enorme jument qui le porta, et comment elle deffit les mousches bovines de la Beauce.

En ceste mesmes saison Fayoles, quart roy de Numidie, envoya du pays de Africque à Grandgousier une jument la plus enorme et la plus grande que feut oncques veue, et la plus monstrueuse, comme assez sçavez que Africque aporte tousjours quelque chose de noveau.

Car elle estoit grande comme six oriflans et avoit les pieds fenduz en doigtz, comme le cheval de Jules Cesar, les aureilles ainsi pendentes comme les chievres de Languegoth, et une petite corne au cul. Au reste, avoit poil d'alezan toustade, entreillizé de grizes pommelettes ; mais sus tout avoit la queue horrible, car elle estoit, poy plus poy moins, grosse comme la pile Sainct Mars, auprès de Langès, et ainsi quarrée, avecques les brancars ny plus ny moins ennicrochez que sont les espicz au blé.

Si de ce vous esmerveillez, esmerveillez vous dadvantaige de la queue des beliers de Scythie, que pesoit plus de trente livres, et des moutons de Surie, esquelz fault (si Tenaud dict vray) affuster une charrette au cul pour la porter, tant elle est longue et pesante. Vous ne l'avez pas telle, vous aultres paillards de plat pays. Et fut amenée par mer en troys carracques et un brigantin, jusques au port de Olone en Thalmondoys.

Lorsque Grandgousier la veit : « Voicy (dist il) bien le cas pour porter mon filz à Paris. Or ça, de par Dieu, tout yra bien. Il sera grand clere en temps advenir. Si n'estoient messieurs les bestes, nous vivrions comme cleres. »

Au lendemain après boyre (comme entendez) prindrent chemin Gargantua, son precepteur Ponocrates, et ses gens, ensemble eulx Eudemon le jeune paige. Et par ce que c'estoit en temps serain et bien attrempé, son pere luy feist faire des botes fauves : Babin les nomme brodequins.

Ainsi joyeusement passerent leur grand chemin, et tousjours grand chere, jusques au dessus de Orleans.

Au quel lieu estoit une ample forest de la longueur de trente et cinq lieues, et de largeur dix et sept, ou environ. Icelle estoit horriblement fertile et copieuse en mousches bovines et freslons, de sorte que c'estoit une vraye briguanderye pour les pauvres jumens, asnes et chevaulx. Mais la jument de Gargantua vengea honnestement tous les oultrages en icelle perpetrées sus les bestes de son espece, par un tour duquel ne se doubtoient mie.

Car soubdain qu'ilz feurent entrez en la dicte forest, et que les freslons luy eurent livré l'assault, elle desguaina sa queue, et si bien s'escarmouchant les esmoucha, qu'elle en abatit tout le boys, à tord, à travers, deçà, delà, par cy, par là, de long, de large, dessus, dessoubz, abatoit boys comme un fauscheur faict d'herbes. En sorte que depuis n'y eut ne boys ne freslons, mais feut tout le pays reduict en campaigne.

Quoy voyant Gargantua, y print plaisir bien grand, sans aultrement s'en vanter, et dist à ses gens : « Je trouve beau ce ; » dont fut depuis appelé ce pays la Beauce. Mais tout leur desjeuner feut par baisler : en memoire de quoy encores de present les gentilz hommes de Beauce desjeunent de baisler, et s'en trouvent fort bien et n'en crachent que mieulx.

Finablement arriverent à Paris, auquel lieu se refraischit deux ou troys jours, faisant chere lye avecques ses gens, et s'enquestant quelz gens sçavans estoient pour lors en la ville, et quel vin on y beuvoit.

Après qu'ilz se feurent refraichiz.

Chapitre XVII

Comment Gargantua paya sa bien venue ès Parisiens, et comment il print les grosses cloches de l'église nostre Dame

Quelques jours après, qu'ilz se feurent refraichiz, il visita la ville, et fut veu de tout le monde en grande admiration. Car le peuple de Paris est tant sot, tant badault, et tant inepte de nature, qu'un basteleur, un porteur de rogatons, un mulet avecques ses cymbales, un vielleux au mylieu d'un carrefour, assemblera plus de gens que ne feroit un bon prescheur evangelicque.

Et tant molestement le poursuyvirent, qu'il feut contrainct soy reposer suz les tours de l'église nostre Dame. Auquel lieu estant, et voyant tant de gens à l'entour de soy, dist clerement:

« Je croy que ces marroufles voulent que je leurs paye icy ma bien venue et mon proficiat. C'est raison. Je leur voys donner le vin, mais ce ne sera que par rys. »

Lors, en soubriant, destacha sa belle braguette, et, tirant sa mentule en l'air, les compissa si aigrement qu'il en noya deux cens soixante mille quatre cens dix et huyt, sans les femmes et petiz enfants.

Quelque nombre d'iceulx evada ce pissefort à legiereté des pieds. Et quand furent au plus hault de l'Université, suans, toussans, crachans, et hors d'halene, commencerent à renier et jurer, les ungs en cholere, les aultres par rys. « Carymary, Carymara! Par saincte Mamye, nous son baignez par rys; » dont fut depuis la ville nommée Paris, laquelle au paravant on appelloit Leucèce, comme dict Strabo, lib. iiij, c'est à dire, en grec, Blonchette, pour les blanches cuisses des dames dudict lieu.

Et par aultant que à ceste nouvelle imposition du nom tous les assistans jurerent chascun les saincts de sa paroisse, les Parisiens, qui sont faictz de toutes gens et toutes pieces, sont par nature et bons jureurs et bons juristes, et quelque peu oultre-cuydez. Dont estime Joaninus de Barranco, *Libro de copiositate reverentiarum,* que sont dietz Parrhe-siens en grecisme, c'est à dire fiers en parler.

Ce faict, considera les grosses cloches que estoient esdictes tours, et les feist sonner bien harmonieusement. Ce que faisant, luy vint en pensée qu'elles serviroient bien de campanes au coul de sa jument, laquelle il vouloit renvoier à son pere, toute chargée de froumaiges de Brye et de harans frays. De faict, les emporta en son logis.

Il en noya deux cens soixante mille quatre cens dix et huyt

Ce pendant vint un commandeur jambonnier de Sainct Antoine, pour faire sa queste suille, lequel, pour se faire entendre de loing et faire trembler le lard au charnier, les voulut emporter furtivement, mais par honnesteté les laissa, non parce qu'elles estoient trop chauldes, mais parce qu'elles estoient quelque peu trop pesantes à la portée. Cil ne fut pas celluy de Bourg, car il est trop de mes amys.

Les cluches de l'église nostre Dame.

Toute la ville feut esmeue en sedition, comme vous sçavez que à ce ils sont tant faciles, que les nations estranges s'esbahissent de la patience des Roys de France, lesquelz aultrement par bonne justice ne les refrenent, veuz les inconveniens qui en sortent de jour en jour. Pleust à Dieu que je sceusse l'officine en laquelle sont forgez ces chismes et monopoles, pour les mettre en evidence ès confraries de ma paroisse !

Croyez que le lieu auquel convint le peuple tout folfré et habaliné feut Nesle, où lors estoit, maintenant n'est plus, l'oracle de Lucèce. Là feut proposé le cas, et remonstré l'inconvenient des cloches transportées.

Après avoir bien ergoté *pro et contra*, feut conclud en *Baralipton* que l'on envoyroit le plus vieux et suffisant de la Faculté vers Gargantua, pour luy remonstrer l'horrible inconvenient de la perte d'icelles cloches. Et nonobstant la remonstrance d'aulcuns de l'Université, qui alleguoient que ceste charge mieulx competoit à un orateur qu'à un sophiste, feut à cest affaire esleu nostre maistre Janotus de Bragmardo.

Maistre Janotus de Bragmardo.

Chapitre XVIII

Comment Janotus de Bragmardo feut envoyé pour recouvrer de Gargantua les grosses cloches

Maistre Janotus, tondu à la Cesarine, vestu de son lyripipion à l'antique, et bien antidoté l'estomac de coudignac de four et eau beniste de cave, se transporta au logis de Gargantua, touchant davant soy troys vedeaulx à rouge muzeau, et trainant après cinq ou six Maistres inertes, bien crottez à profit de mesnaige.

A l'entrée les rencontra Ponocrates, et eut frayeur en soy, les voyant ainsi desguisez, et pensoit que feussent quelques masques hors du sens. Puis s'enquesta à quelq'un desdictz Maistres inertes de la bande, que queroit ceste mommerie. Il luy feut respondu qu'ilz demandoient les cloches leurs estre rendues.

Soubdain ce propos entendu, Ponocrates courut dire les nouvelles à Gargantua, affin qu'il feust prest de la responce, et deliberast sur le champ ce que estoit de faire. Gargantua, admonesté du cas, appella à part Ponocrates son precepteur, Philotomie son maistre d'hostel, Gymnaste son escuyer, et Eudemon, et sommairement confera avecques eulx sus ce qui estoit tant à faire que à respondre.

Tous feurent d'advis que on les menast au retraict du goubelet, et là on les feist boyre rustrement; et affin que ce tousseux n'entrast en vaine gloire pour à sa requeste avoir rendu les cloches, l'on mandast cependent qu'il chopineroit querir le Prevost de la ville, le Recteur de la Faculté, le vicaire de l'église, esquelz, davant que le Sophiste eust proposé sa commission, l'on delivreroit les cloches. Après ce, iceulx presens, l'on oyroit sa belle harangue. Ce que fut faict, et les susdictz arrivez, le Sophiste feut en plene salle introduict, et commença ainsi que s'ensuit, en toussant.

Émotion populaire.

Chapitre XIX

La harangue
de maistre Janotus de Bragmardo, faicte à Gargantua
pour recouvrer les cloches

« Ehen, hen, hen! *Mna dies*, Monsieur, *Mna dies*. Et *vobis* Messieurs. Ce ne seroyt que bon que nous rendissiez noz cloches, car elles nous font bien besoing. Hen, hen, hasch! Nous en avions bien aultresfoys refusé de bon argent de ceulx de Londres en Cahors, sy avions nous de ceulx de Bourdeaulx en Brye, qui les vouloient achapter pour la substantificque qualité de la complexion elementaire que est intronificquée en la terresterité de leur nature quidditative pour extraneizer les halotz et les turbines suz noz vignes, vrayement non pas nostres, mais d'icy auprès. Car si nous perdons le piot, nous perdons tout, et sens et loy. Si vous nous les rendez à ma requeste, je y guaigneray six pans de saulcices, et une bonne paire de chausses, que me feront grand bien à mes jambes, ou ilz ne me tiendront pas promesse. Ho par Dieu, *Domine*, une pair de chausses est bon : *Et vir sapiens non abhorrebit eam*. Ha, ha, il n'a pas pair de chausses qui veult.

Son ame estoit en la cuysine.

Je le sçay bien quant est de moy. Advisez, *Domine* : il y a dixhuyt jours que je suis à matagraboliser ceste belle harangue. *Reddite quæ sunt Cæsaris Cæsari, et quæ sunt Dei Deo. Ibi jacet lepus.*

Par ma foy, *Domine*, si vous voulez souper avecques moy *in camera*, par le corps Dieu, *charitatis, nos faciemus bonum cherubin. Ego occidi unum porcum, et ego habet bon vino.* Mais de bon vin on ne peult faire maulvais latin.

Or sus, *de parte Dei, date nobis clochas nostras.* Tenez, je vous donne de par la Faculté ung *Sermones de Utino,* que *utinam* vous nous baillez nos cloches. *Vultis etiam pardonos ? Per diem vos habebitis, et nihil poyabitis.*

O Monsieur *Domine, clochidonnaminor nobis.* Dea, *est bonum urbis.* Tout le monde s'en sert. Si vostre jument s'en trouve bien, aussi faict nostre Faculté, *quæ comparata est jumentis insipientibus, et similis facta est eis, Psalmo nescio quo ;* si l'avoys je bien quotté en mon paperat, *et est unum bonum* Achilles, hen, hen, ehen, hasch !

Ça, je vous prouve que me les doibvez bailler. *Ego sic argumentor.*

Omnis clocha clochabilis in clocherio clochando, clochans clochativo clochare facit clochabiliter clochantes. Parisius habet clochas. Ergo glue, ha, ha, ha ! C'est parlé cela ! Il est *in tertio primæ* en *Darii* ou ailleurs. Par mon ame, j'ay veu le temps que je faisois diables de arguer. Mais de present je ne fais plus que resver. Et ne me fault plus dorenavant que bon vin, bon lict, le dos au feu, le ventre à table et escuelle bien profonde.

Hay, *Domine,* je vous pry *in nomine Patris et Filii et Spiritus Sancti, Amen,* que vous rendez nos cloches : et Dieu vous guard de mal, et nostre Dame de santé, *qui vivit et regnat per omnia secula seculorum, Amen.* Hen, hasch, ehasch, grenhenhasch !

Verum enim vero quando quidem dubio procul. Edepol quoniam ita certe meus Deus fidus, une ville sans cloches est comme un aveugle sans baston, un asne sans cropiere, et une vache sans cymbales. Jusques à ce que nous les ayez rendues nous ne cesserons de crier après vous comme un aveugle qui a perdu son baston, de braisler comme un asne sans cropiere, et de bramer comme une vache sans cymbales.

Un quidam latinisateur demourant près l'hostel Dieu dist une foys, allegant l'autorité d'ung Taponnus, je faulx, c'estoit Pontanus, poete seculier, qu'il desiroit qu'elles feussent de plume, et le batail feust d'une queue de renard, pource qu'elles luy engendroient la chronique aux tripes du cerveau, quand il composoit ses vers carminiformes. Mais nac petetin petetac, ticque, torche, lorne, il feut declairé hereticque : nous les faisons comme de cire. Et plus n'en dict le deposant. *Valete et plaudite. Calepinus recensui.* »

Chapitre XX

Comment le Sophiste emporta son drap, et comment il eut procès contre les aultres Maistres

Le Sophiste n'eut si toust achevé que Ponocrates et Eudemon s'esclafferent de rire tant profondement, que en cuiderent rendre l'ame à Dieu, ne plus ne moins que Crassus voyant un asne couillart qui mangeoit des chardons, et comme Philemon, voyant un asne qui mangeoit les figues qu'on avoit apresté pour le disner, mourut de force de rire. Ensemble eulx commença rire maistre Janotus, à qui mieulx mieulx, tant que les larmes leurs venoient ès yeulx, par la vehemente concution de la substance du cerveau, à laquelle furent exprimées ces humiditez lachrymales, et transcoullées jouxte les nerfz optiques. En quoy par eulx estoyt Democrite heraclitizant, et Heraclyte democritizant representé.

Au retraict du goubelet.

Ces rys du tout sedez, consulta Gargantua avecques ses gens sur ce qu'estoit de faire. Là feut Ponocrates d'advis qu'on feist reboyre ce bel orateur. Et veu qu'il leurs avoit donné de passetemps, et plus faict rire que n'eust Songecreux, qu'on luy baillast les dix pans de saulcice mentionnez en la joyeuse harangue, avecques une paire de chausses, troys cens de gros boys de moulle, vingt et cinq muitz de vin, un lict à triple couche de plume anserine, et une escuelle bien capable et profonde, lesquelles disoit estre à sa vieillesse necessaires.

Le tout fut faist ainsi que avoit esté deliberé, excepté que Gargantua, doubtant que on ne trouvast à l'heure chausses commodes pour ses jambes, doubtant aussy de quelle façon mieulx duyroient audict orateur, ou à la martingualle, qui est un pont levis de cul, pour plus aisement fianter; ou à la mariniere, pour mieulx soulaiger les roignons ; ou à la Souice, pour tenir chaulde la bedondaine ; ou à queue de merluz, de peur d'eschauffer les reins, luy feist livrer sept aulnes de drap noir, et troys de blanchet pour la doubleure. Le boys feut porté par les guaingnedeniers ; les Maistres ez ars porterent les saulcices et escuelles ; maistre Janot voulut porter le drap.

Un desdictz Maistres, nommé maistre Jousse Bandouille, luy remonstroit que ce n'estoit honeste ny decent à son estat, et qu'il le baillast à quelqu'un d'entre eulx.

« Ha ! (dist Janotus), Baudet, Baudet, tu ne concluds poinct *in modo et figura*. Voylà de quoy servent les suppositions et *parva logicalia. Pannus pro quo supponit? — Confuse* (dist Bandouille) *et distributive.* — Je ne te demande pas (dist Janotus), Baudet, *quomodo supponit*, mais *pro quo*: c'est, Baudet, *pro tibiis meis*. Et pour ce le porteray je *egomet, sicut suppositum portat adpositum.* » Ainsi l'emporta en tapinois, comme feist Patelin son drap.

Le bon feut quand le tousseux, glorieusement, en plein acte tenu chez les Mathurins, requist ses chausses et saulcisses : car peremptoirement luy feurent deniez, par autant qu'il les avoit eu de Gargantua, selon les informations sus ce faictes. Il leurs remonstra que ce avoit esté de *gratis*, et de sa liberalité, par laquelle ilz n'estoient mie absoubz de leurs promesses.

Le procez fut retenu par la court, et y est encores.

Ce nonobstant, luy fut respondu qu'il se contentast de raison, et que aultre bribe n'en auroit.

« Raison ! (dist Janotus), nous n'en usons poinct ceans. Traistres malheureux, vous ne valez rien ; la terre ne porte gens plus meschans que vous estes, je le sçay bien ; ne clochez pas devant les boyteux : j'ay exercé la meschanceté avecques vous. Par la ratté Dieu, je advertiray le Roy des enormes abus qui sont forgez ceans, et par vos mains et menéez, et que je soye ladre s'il ne vous faict tous vifz brusler, comme bougres, traistres, hereticques et seducteurs, ennemys de Dieu et de vertus. »

A ces motz, prindrent articles contre luy ; luy, de l'aultre costé, les feist adjourner. Somme, le procez fut retenu par la court, et y est encores. Les magistres, sur ce poinct, feirent veu de ne soy descroter ; maistre Janot, avecques ses adherens, feist veu de ne se moucher, jusques à ce qu'en feust dict par arrest difinitif.

Par ces veuz sont jusques à present demourez et croteux et morveux, car la court n'a encores bien grabelé toutes les pièces ; l'arrest sera donné ès prochaines Calendes grecques, c'est à dire jamais, comme vous sçavez qu'ilz font plus que nature et contre leurs articles propres. Les articles de Paris chantent que Dieu seul peult faire choses infinies. Nature rien ne faict immortel, car elle mect fin et periode à toutes choses par elle produictes ; car *omnia orta cadunt*, etc. Mais ces avalleurs de frimars font les procès davant eux pendens et infiniz et immortelz. Ce que faisans, ont donné lieu et verifié le dict de Chilon, Lacedemonien, consacré en Delphes, disant misere estre compaigne de procès, et gens playdoiens miserables, car plus tost ont fin de leur vie que de leur droict pretendu.

Ponocrates et Eudemon s'esclafferent de rire.

Quatre de ses gens
luy gettoient moustarde à pleines palerées.

Chapitre XXI

L'estude de Gargantua, selon la discipline de ses precepteurs sophistes

Les premiers jours ainsi passez et les cloches remises en leur lieu, les citoyens de Paris, par recongnoissance de ceste honnesteté, se offrirent d'entretenir et nourrir sa jument tant qu'il luy plairoit, ce que Gargantua print bien à gré, et l'envoyerent vivre en la forest de Biere. Je croy qu'elle n'y soyt plus maintenant.

Ce faict, voulut de tout son sens estudier à la discretion de Ponocrates ; mais icelluy, pour le commencement, ordonna qu'il feroit à sa maniere accoustumée, affin d'entendre par quel moyen, en si long temps, ses antiques precepteurs l'avoient rendu tant fat, niays et ignorant.

Il dispensoit doncques son temps en telle façon que ordinairement il s'esveilloit entre huyt et neuf heures, feust jour ou non : ainsi l'avoient ordonné ses regens antiques, alleguans ce que dict David : *Vanum est vobis ante lucem surgere.*

Puis se guambayoit, penadoit et paillardoit parmy le lict quelque temps pour mieulx esbaudir ses esperitz animaulx, et se habiloit selon la saison ; mais volunticrs portoit il une grande et longue robbe de grosse frize fourrée de renards ; après se peignoit du peigne de Almain, c'estoit des quatre doigtz et le poulce, car ses precepteurs disoient que soy aultrement pigner, laver et nettoyer estoit perdre temps en ce monde.

Puis fiantoit, pissoyt, rendoyt sa gorge, rottoit, pettoyt, baisloyt, crachoyt, toussoyt, sangloutoyt, esternuoit et se morvoyt en archidiacre, et desjeunoyt pour abatre la rouzée et maulvais aer : belles tripes frites, belles charbonnades, beaulx jambons, belles cabirotades et force soupes de prime.

Ponocrates luy remonstroit que tant soubdain ne debvoit repaistre au partir du lict sans avoir premierement faict quelque exercice. Gargan- tua respondit: « Quoy! n'ay je faict suffisant exercice? Je me suis vaultré six ou sept tours parmy le lict davant que me lever. Ne est ce assez? Le pape Alexandre ainsi fai- soit, par le conseil de son medicin juif, et vesquit jusques à la mort, en despit des envieux. Mes premiers maistres me y ont acoustumé, disans que le des- jeuner faisoit bonne memoire; pourtant y beu- voient les premiers. Je m'en trouve fort bien et n'en disne que mieulx.

» Et me disoit maistre Tubal qui feut premier de sa licence à Paris, que ce n'est tout l'advantaige de courir bien toust, mais bien de partir de bonne heure : aussi n'est ce la santé totale de nostre huma- nité, boyre à tas, à tas, à tas, comme canes, mais ouy bien de boyre matin : *Unde versus :*

» Lever matin n'est poinct bon heur
Boyre matin est le meilleur. »

Après avoir bien à poinct des- jeuné, alloit à l'eglise, et luy pour- toit on dedans un grand penier un

Après avoir bien à poinct desjeuné, alloit à l'eglise.

gros breviaire empantophlé, pesant, tant en gresse que en fremoirs et parchemin, poy plus poy moins, unze quintaulx six livres; là oyoit vingt et six ou trente messes; ce pendent venoit son discur d'heures en place, empaletocqué comme une duppe, et tresbien antidoté son alaine à force syrop vignolat; avecques icelluy marmonnoit toutes ses kyrielles, et tant curieusement les espluschoit qu'il n'en tomboit un seul grain en terre.

Au partir de l'eglise, on luy amenoit sur une traine à beufz un faratz de patenostres de sainct Claude, aussi grosses chascune qu'est le moulle d'un bonnet, et, se pourmenant par les cloistres, galeries ou jardin, en disoit plus que seze hermites.

Puis estudioit quelque meschante demye heure, les yeulx assis dessus son livre. Mais (comme dit le Comicque) son ame estoit en la cuysine.

Pissant doncq plein urinal, se asséoyt à table. Et par ce qu'il estoit naturellement phlegmaticque, commençoit son repas par quelques douzeines de jambons, de langues de beuf fumées, de boutargues, d'andouilles, et telz aultres avant coureurs de vin.

Ce pendent quatre de ses gens luy gettoient en la bouche l'un aprés l'autre continuement moustarde à pleines palerées ; puis beuvoit un horrificque traict de vin blanc pour luy soulaiger les roignons. Aprés, mangeoit, selon la saison, viandes à son appetit, et lors cessoit de manger quand le ventre luy tiroit.

A boyre n'avait poinct fin ny canon. Car il disoit que les metes et bournes de boyre estoient quand, la personne beuvant, le liége de ses pantoufles enfloit en hault d'un demy pied.

Il s'esveilloit entre huyt et neuf heures

Il alloit veoir les basteleurs, trejectaires et theriacleurs.

Chapitre XXII

Les Jeux de Gargantua

Puis tout lordement grignotant d'un transon de graces, se lavoit les mains de vin frais, s'escuroit les dens avec un pied de porc, et devisoit joyeusement avec ses gens. Puis, le verd estendu, l'on desployoit force chartes, force dez, et renfort de tabliers. Là jouoyt :

Au flux,
A la prime,
A la vole,
A la pille,
A la triumphe,
A la Picardie,
Au cent,
A l'espinay,
A la malheureuse,
Au fourby,
A passe dix,
A trente et ung,
A pair et sequence,
A trois cens,
Au malheureux,
A la condemnade,
A la charte virade,
Au maucontent,
Au lansquenet,
Au cocu,
A qui a si parle,
A pille, nade, jocque, fore,
A mariaige,
Au gay,
A l'opinion,
A qui faict l'ung faict l'aultre,
A la sequence,
Au luettes,
Au tarau,
A coquinbert qui gaigne perd,
Au Beliné,
Au torment,
A la ronfle,
Au glic,
Aux honneurs,
A la mourre,
Aux eschetz,
Au renard,
Au marelles,
Au vasches,

A la blanche,
A la chance,
A trois dez,
Au tables,
A la nicnocque,
Au lourche,
A la renette,
Au barignin,
Au trictrac,
A toutes tables,
Au tables rabatues,
Au reniguebieu,
Au forcé,
Au dames,
A la babou,
A *primus secundus*,
Au pied du cousteau,
Au clefz,
Au franc du carreau,
A pair ou non,
A croix ou pille,
Au martres,
Au pingres,
A la bille,
Au savatier,
Au hybou,
Au dorelot du lièvre,
A la tirelitantaine,
A cochonnet va devant,
Au pies,
A la corne,
Au beuf violé,
A la cheveche,
A je te pinse sans rire,
A picoter,
A deferrer l'asne,
A la jautru,
Au bourry bourry zou,
A je m'assis,
A la barbe d'oribus,

A la bousquine,
A tire la broche,
A la boutte foyre,
A compère prestez moy vostre sac,
A la couille de belier,
A boute hors,
A figues de Marseille,
A la mousque,
A l'archer tru,
A escorcher le renard,
A la ramasse,
Au croc madame,
A vendre l'avoine,
A souffler le charbon,
Au responsailles,
Au juge vif et juge mort,
A tirer les fers du four,
Au fault villain,
Au cailleteaux,
Au bossu aulican,
A Sainct Trouvé,
A pinse Morille,
Au poirier,
A pimpompet,
Au triori,
Au cercle,
A la truye,
A ventre contre ventre,
Aux combes,
A la vergette,
Au palet,
Au j'en suis,
A foucquet,
Au quilles,
Au rampeau,
A la boulle plate,
Au vireton,
Au picquarome,
A rouchemerde,
A angenart,

A la courte boulle,
A la griesche,
A la recoquillette,
Au cassepot,
A montalent,
A la pyrouète,
Au jonchées,
Au court baston,
Au pyrevollet,
A cline muzete,
Au picquet,
A la blancque,
Au furon,
A la seguette,
Au chastelet,
A la rengée,
A la foussette,
Au ronflart,
A la trompe,
Au moyne,
Au tenebry,
A l'esbahy,
A la soulle,
A la navette,
A fessart,
Au ballay,
A Sainct Cosme je te viens adorer,
A escharbot le brun,
A je vous prens sans verd,
A bien et beau s'en va quaresme,
Au chesne forchu,
Au chevau fondu,
A la queue au loup,
A pet en gueulle,
A Guillemin baille my ma lance,
A la brandelle,
Au treseau,
Au bouleau,
A la mousche,
A la migne migne beuf,

Ponocrates.

Au propous,
A neuf mains,
Au chapifou,
Au pontz cheuz,
A Colin bridé,
A la grolle,
Au cocquantin,
A Colin Maillard,
A myrelimofle,
A mouschart,
Au crapault,
A la crosse,
Au piston,
Au bille boucquet,
Au roynes,
Au mestiers,
A teste à teste bechevel,

Au pinot,
A male mort,
Aux croquinolles,
A laver la coiffe ma dame,
Au belusteau,
A semer l'avoyne,
A briffault,
Au molinet,
A *defendo*,
A la virevouste,
A la bacule,
Au laboureur,
A la cheveche,
Au escoublettes enraigées,
A la beste morte,
A monte monte l'eschelette,
Au pourceau mory,
A cul sallé,
Au pigonnet,
Au tiers,
A la bourrée,
Au sault du buisson,
A croyzer,
A la cutte cache,
A la maille bourse en cul,
Au nid de la bondrée,
Au passavant,
A la figue,
Au petarrades,
A pillemoustarde,
A cambos,
A la recheute,
Au picandeau,
A croqueteste,
A la grolle,
A la grue,
A taillecoup,
Au nazardes,
Aux allouettes,
Au chinquenaudes.

Après avoir bien joué, sessé, passé et beluté temps, convenoit boire quelque peu, c'estoient unze peguadz pour homme, et soubdain après bancqueter, c'estoit sus un beau banc ou en beau plein lict s'estendre et dormir deux ou troys heures sans mal penser ny mal dire.

Luy esveillé, secouoit un peu les aureilles. Ce pendent estoit apporté vin frais; là beuvoyt mieulx que jamais.

Ponocrates luy remonstroit que c'estoit mauvaise diete, ainsi boyre après dormir. « C'est (respondist Gargantua) la vraye vie des peres. Car de ma nature je dors sallé, et le dormir m'a valu autant de jambon. »

Puis commençoit estudier quelque peu, et patenostres en avant, pour lesquelles mieulx en forme expedier montoit sus une vieille mulle, laquelle avoit servy neuf Roys. Ainsi marmotant de la bouche et dodelinant de la teste, alloit veoir prendre quelque connil aux filletz.

Au retour se transportoit en la cuysine pour sçavoir quel roust estoit en broche.

Et souppoit tresbien, par ma conscience, et voluntiers convioit quelques beuveurs de ses voisins, avec lesquelz beuvant · d'autant, comptoient des vieux jusques ès nouveaulx.

Entre aultres avoit pour domesticques les seigneurs du Fou, de Gourville, de Grignault et de Marigny.

Après souper venoient en place les beaux Evangiles de boys, c'est à dire force tabliers, ou le beau flux, un, deux, troys, ou à toutes restes pour abreger, ou bien alloient veoir les garses d'entour, et petitz banquetz parmy, collations et arrierecollations. Puis dormoit sans desbrider jusques au lendemain huict heures.

Après avoir bien joué convenoit boire quelque peu.

Par ce medicament luy nettoya toute l'alteration et perverse habitude du cerveau.

Chapitre XXIII

Comment Gargantua feut institué par Ponocrates en telle discipline qu'il ne perdoit heure du jour

Quand Ponocrates congneut la vitieuse maniere de vivre de Gargantua, delibera aultrement le instituer en lettres; mais pour les premiers jours le tolera, considerant que nature ne endure mutations soubdaines sans grande violence.

Pour donecques mieulx son œuvre commencer, supplia un sçavant medicin de celluy temps, nommé maistre Theodore, à ce qu'il considerast si possible estoit remettre Gargantua en meilleure voye. Lequel le purgea canonicquement avecq elebore de Anticyre, et par ce medicament luy nettoya toute l'alteration et perverse habitude du cerveau. Par ce moyen aussi Ponocrates luy feist oublier tout ce qu'il avoit appris soubz ses antiques precepteurs, comme faisoit Timothe à ses disciples qui avoient esté instruictz soubz aultres musiciens.

Pour mieulx ce faire, l'introduisoit ès compaignies des gens sçavans que là estoient, à l'emulation desquelz luy creust l'esperit et le desir de estudier aultrement et se faire valoir.

Après en tel train d'estude le mist qu'il ne perdoit heure quelconcques du jour, ains tout son temps consommoit en lettres et honeste sçavoir.

Se esveilloit donecques Gargantua environ quatre heures du matin. Ce pendent qu'on le frotoit luy estoit leue quelque pagine de la divine Escripture haultement et clerement avec pronunciation competente à la matiere, et à ce estoit commis un jeune paige natif de Basché, nommé Anagnostes. Selon le propos et argument de ceste leçon, souventesfoys se adonnoit à reverer, adorer, prier et supplier le bon Dieu, duquel la lecture monstroit la majesté et jugemens merveilleux.

Puis alloit ès lieux secretz faire excretion des digestions naturelles. Là son precepteur repetoit ce que avoit esté leu, luy exposant les poinctz plus obscurs et difficiles.

Eulx retornans consideroient l'estat du ciel, si tel estoit comme l'avoient noté au soir precedent, et quelz signes entroit le Soleil, aussi la Lune, pour icelle journée.

Ce faict, estoit habillé, peigné, testonné, accoustré et parfumé, durant lequel temps on luy repetoit les leçons du jour d'avant. Luy mesmes les disoit par cueur, et y fondoit quelques cas practicques et concernens l'estat humain, lesquelz ilz estendoient aulcunes foys jusques deux ou troys heures, mais ordinairement cessoient lors qu'il estoit du tout habillé.

Ce pendent monsieur l'appetit venoit.

Puis par troys bonnes heures luy estoit faicte lecture.

Ce faict, yssoient hors, tousjours conferens des propoz de la lecture, et se desportoient en Bracque, ou és prez, et jouoient à la balle, à la paulme, à la pile trigone, galentement se exercens les corps comme ilz avoient les ames au paravant exercé.

Tout leur jeu n'estoit qu'en liberté, car ilz laissoient la partie quand leur plaisoit, et cessoient ordinairement lors que suoient parmy le corps, ou estoient aultrement las. Adoncq estoient tresbien essuez et frottez, changeoient de chemise, et doulcement se pourmenans alloient voir sy le disner estoit prest. Là attendens recitoient clerement et eloquentement quelques sentences retenues de la leçon.

Ce pendent monsieur l'appetit venoit, et par bonne oportunité s'asséoient à table.

Au commencement du repas estoit leue quelque histoire plaisante des anciennes prouesses, jusques à ce qu'il eust prins son vin. Lors (si bon sembloit) on continuoit la lecture, ou commenceoient à diviser joyeusement ensemble, parlans pour les premiers moys de la vertus, propriété, efficace et nature de tout ce que leur estoit servy à table, du pain, du vin, de l'eau, du sel, des viandes, poissons, fruictz, herbes, racines, et de l'aprest d'icelles. Ce que faisant, aprint en peu de temps tous les passaiges à ce compétens en Pline, Athene, Dioscorides, Jullius Pollux, Galen, Porphyre, Opian, Polybe, Heliodore, Aristoteles, Ælian et aultres. Iceulx propos tenus, faisoient souvent, pour plus estre asseurez, apporter les livres susdictz à table. Et si bien et entierement retint en sa memoire les choses dictes, que pour lors n'estoit medicin qui en sceust à la moytié tant comme il faisoit.

Après devisoient des leçons leues au matin, et parachevant leur repas par quelque confection de cotoniat, s'escuroit les dens avecques un trou de lentisce, se lavoit les mains et les yeulx de belle eaue fraische, et rendoient graces à Dieu par quelques beaulx canticques faictz à la louange de la munificence et benignité divine. Ce faict on apportoit des chartes, non pour jouer, mais pour y apprendre mille petites gentillesses et inventions nouvelles, lesquelles toutes yssoient de arithmeticque.

En ce moyen entra en affection de icelle science numerale, et tous les jours après disner et souper y passoit temps aussi plaisantement qu'il souloit en dez ou ès chartes. A tant sceut d'icelle et theoricque et practicque si bien, que Tunstal Angloys, qui en avoit amplement escript, confessa que vrayement en comparaison de luy il n'y entendoit que le hault alemant.

Pedagogues et gens sçavans.

Et non seulement d'icelle, mais des aultres sciences mathematicques, comme geometrie, astronomie et musicque. Car, attendens la concoction et digestion de son past, ils faisoient mille joyeulx instrumens et figures geometricques, et de mesmes practicquoient les canons astronomicques. Après se esbaudissoient à chanter musicalement à quatre et cinq parties, ou sus un theme à plaisir de gorge.

Au reguard des instrumens de musicque, il aprint jouer du luc, de l'espinette, de la harpe, de la flutte de Alemant et à neuf trouz, de la viole et de la sacquebutte.

Ceste heure ainsi employée, la digestion parachevée, se purgoit des excremens naturelz, puis se remettoit à son estude principal par troys heures ou davantaige, tant à repeter la lecture matutinale, que à poursuyvre le livre entreprins, que aussi à escripre et bien traire et former les antiques et romaines lettres.

Ce faict, yssoient hors leur hostel avecques eulx un jeune gentilhomme de Touraine nommé l'escuyer Gymnaste, lequel luy montroit l'art de chevalerie.

Changeant doncques de vestemens, montoit sus un coursier, sus un roussin, sus un genet, sus un cheval barbe, cheval legier, et luy donnoit cent quarieres, le faisoit voltiger en l'air, franchir le fossé, saulter le palys, court tourner en un cercle, tant à dextre comme à senestre.

Après souper alloient veoir les garses d'entour.

Là rompoit non la lance, car c'est la plus grande resverye du monde, dire : J'ay rompu dix lances en tournoy, ou en bataille ; un charpentier le feroit bien ; mais louable gloire est d'une lance avoir rompu dix de ses ennemys.

10 — RABELAIS.   T. I.

De sa lance doncq asserée, verde et roide, rompoit un huys, enfonçoit un harnoys, aculloyt une arbre, enclavoyt un anneau, enlevoit une selle d'armes, un haubert, un gantelet.

Le tout faisoit armé de pied en cap. Au reguard de fanfarer et faire les petitz popismes sus un cheval, nul ne le feist mieulx que luy. Le voltigeur de Ferrare n'estoit qu'un singe en comparaison. Singulierement estoit aprins à saulter hastivement d'un cheval sus l'autre sans prendre terre, et nommoit on ces chevaulx desultoyres; et de chascun cousté la lance au poing, monter sans estriviers, et sans bride guider le cheval à son plaisir, car telles choses servent à discipline militaire.

Un aultre jour se exerceoit à la hasche, laquelle tant bien coulloyt, tant verdement de tous pics reserroyt, tant soupplement avalloit en taille ronde, qu'il feut passé chevalier d'armes en campaigne, et en tous essays.

Puis bransloit la picque, sacquoit de l'espée à deux mains, de l'espée bastarde, de l'espagnole, de la dague et du poignard, armé, non armé, au boucler, à la cappe, à la rondelle.

Couroit le cerf, le chevreuil, l'ours, le dain, le sanglier, le lievre, la perdrys, le faisant, l'otarde. Jouoit à la grosse balle et la faisoit bondir en l'air, autant du pied que du poing.

Luctoit, couroit, saultoit, non à troys pas un sault, non à clochepied, non au sault d'alemant, car (disoit Gymnaste) telz saulx sont inutiles et de nul bien en guerre, mais d'un sault persoit un foussé, volloit sus une haye, montoit six pas encontre une muraille, et rampoit en ceste façon à une fenestre de la haulteur d'une lance.

Nageoit en parfonde eau, à l'endroit, à l'envers, de cousté, de tout le corps, des seulz pieds, une main en l'air, en laquelle tenant un livre transpassoit toute la riviere de Seine sans icelluy mouiller, et tyrant par les dens son manteau, comme faisoit Jules Cesar; puis d'une main entroit par grande force en basteau; d'icelluy se gettoit de rechief en l'eaue, la teste premiere; sondoit le parfond, creusoyt les rochiers, plongeoit ès abysmes et goufres. Puis icelluy basteau tournoit, gouvernoit, menoit hastivement, lentement, à fil d'eau, contre cours, le retenoit en pleine escluse, d'une main le guidoit, de l'autre s'escrimoit avec un grand aviron, tendoit le vele, montoit au matz par les raictz, couroit sus les brancquars, adjustoit la boussole, contreventoit les bulines, bendoit le gouvernail.

Issant de l'eau, roidement montoit encontre la montaigne, et devalloit aussi franchement; gravoit ès arbres comme un chat, saultoit de l'une en l'aultre comme un escurieux, abastoit les gros rameaulx comme un aultre Milo; avec deux poignards asserez et deux poinsons esprouvez montoit au hault d'une maison comme un rat, descendoit puis du hault en bas en telle composition des membres que de la cheute n'estoit aulcunement grevé.

Jectoit le dart, la barre, la pierre, la javeline, l'espieu, la halebarde; enfonceoit l'arc, bandoit ès reins les fortes arbalestes de passe, visoit de l'arquebouse à l'œil, affeustoit le

canon, tyroit à la butte, au papegay, du bas en mont, d'amont en val, devant, de
cousté, en arriere, comme les Parthes.

On luy atachoit un cable en quelque haulte tour, pendent en terre : par icelluy avecques deux mains montoit, puis devaloit sy roidement et sy asseurement, que plus ne
pourriez parmy un pré bien eguallé.

On luy mettoit une grosse perche apoyée à deux arbres ; à icelle se pendoit par
les mains, et d'icelle alloit et venoit sans des pieds à rien toucher, que à grande course
on ne l'eust peu aconcepvoir.

Et pour se exercer le thorax et pulmon, crioit comme tous les diables. Je l'ouy une
foys, appellant Eudemon, depuis la porte Sainct Victor jusques à Montmartre. Stentor
n'eut oncques telle voix à la bataille de Troye.

Et pour gualentir les nerfz, on luy
avoit faict deux grosses saulmones de
plomb, chascune du poys de huyt mille
sept cens quintaulx, lesquelles il nommoit
alteres. Icelles prenoit de terre en chascune main et les eslevoit en l'air au dessus
de la teste, et les tenoit ainsi sans soy
remuer troys quars d'heure et davantaige, que estoit une force inimitable.

Jouoit aux barres avecques les plus
fors, et, quand le poinct advenoit, se tenoit
sus ses pieds tant roiddement qu'il se
abandonnoit és plus adventureux en cas
qu'ilz le feissent mouvoir de sa place,
comme jadis faisoit Milo ; à l'imitation
duquel aussi tenoit une pomme de grenade
en sa main, et la donnoit à qui luy pourroit ouster.

Le temps ainsi employé, luy froté,
nettoyé et refraischy d'habillemens, tout
doulcement retournoit, et passans par
quelques prez ou aultres lieux herbuz,

On luy atachoit un cable en quelque haulte tour.

visitoient les arbres et plantes, les conferens avec les livres des Anciens qui en ont
escript, comme Theophraste, Dioscorides, Marinus, Pline, Nicander, Macer et Galen,
et en emportoient leurs plenes mains au logis : desquelles avoit la charge un
jeune page nommé Rhizotome, ensemble des marrochons, des pioches, cerfouettes,
beches, tranches et aultres instrumens requis à bien arborizer.

Eulx arrivez au logis, ce pendent qu'on aprestoit le souper, repetoient quelques
passaiges de ce qu'avoit esté leu, et s'asséoient à table.

Notez icy que son disner estoit sobre et frugal : car tant seulement mangeoit pour refrener les aboys de l'estomach ; mais le soupper estoit copieux et large, car tant en prenoit que luy estoit de besoing à soy entretenir et nourrir, ce que est la vraye diete prescripte par l'art de bonne et seure medicine, quoy qu'un tas de badaulx medicins herselez en l'officine des Sophistes conseillent le contraire.

Durant icelluy repas estoit continuée la leçon du disner, tant que bon sembloit ; le reste estoit consommé en bons propous, tous lettrez et utiles.

Après graces rendues se adonnoient à chanter musicalement, à jouer d'instrumens harmonieux, ou de ces petitz passetemps qu'on faict ès chartes, ès dez et guobeletz, et là demouroient faisans grand chère et s'esbaudissans aulcunesfoys jusques à l'heure de dormir; quelque foys alloient visiter les compaignies des gens lettrez, ou de gens qui eussent veu pays estranges.

En pleine nuict, davant que soy retirer, alloient au lieu de leur logis le plus descouvert veoir la face du ciel, et là notoient les cometes, sy aulcunes estoient, les figures, situations, aspectz, oppositions et conjunctions des astres.

Puis avec son precepteur recapituloit briefvement, à la mode des Pythagoricques, tout ce qu'il avoit leu, veu, sceu, faict et entendu au decours de toute la journée.

Si prioient Dieu le createur en l'adorant et ratifiant leur foy envers luy, et le glorifiant de sa bonté immense, et luy rendant grace de tout le temps passé, se recommandoient à sa divine clemence pour tout l'advenir. Ce faict, entroient en leur repous.

Puis sacquoit de l'espée à deux mains.

En pleine nuict alloient veoir la face du ciel.

Chapitre XXIV

Comment Gargantua employoit le temps quand l'air estoit pluvieux

S'il advenoit que l'air feust pluvieux et intemperé, tout le temps davant disner estoit employé comme de coustume, excepté qu'il faisoit allumer un beau et clair feu, pour corriger l'intemperie de l'air. Mais après disner, en lieu des exercitations, ilz demouroient en la maison, et par manière de apotherapie s'esbatoient à boteler du foin, à fendre et scier du boys, et à batre les gerbes en la grange ; puys estudioient en l'art de paincture et sculpture, ou revocquoient en usage l'anticque jeu des tables, ainsi qu'en a escript Leonicus, et comme y joue nostre bon amy Lascaris. En y jouant recoloient les passaiges des auteurs anciens èsquelz est faicte mention ou prinse quelque metaphore sus iceluy jeu. Semblablement, ou alloient veoir comment on tiroit les metaulx, ou comment on fondoit l'artillerye, ou alloient veoir les lapidaires, orfevres et tailleurs de pierreries, ou les alchymistes et monoyeurs, ou les haultelissiers, les tissotiers, les velotiers, les horologiers, miralliers, imprimeurs, organistes, tinturiers et aultres telles sortes d'ouvriers, et, partout donnans le vin, aprenoient et consideroient l'industrie et invention des mestiers.

Alloient ouir les leçons publicques, les actes solennelz, les repetitions, les declamations, les plaidoyez des gentilz advocatz, les concions des prescheurs evangelicques.

Passoit par les salles et lieux ordonnez pour l'escrime, et là contre les maistres essayoit de tous bastons, et leurs monstroit par evidence que aultant, voyre plus, en sçavoit que iceulx.

Et au lieu de arboriser visitoient les bouticques des drogueurs, herbiers et apothecaires, et soigneusement consideroient les fruictz, racines, fueilles, gommes, semences, axunges peregrines, ensemble aussi comment on les adulteroit.

Alloit veoir les bastelleurs, trejectaires et theriacleurs, et consideroit leurs

Bandoit ès reins les fortes arbalestes de passe.

gestes, leurs ruses, leurs sobressaulx et beau parler; singulièrement de ceulx de Chaunys en Picardie, car ils sont de nature grands jaseurs et beaulx bailleurs de baillivernes en matière de cinges verds.

Eulx retournez pour soupper, mangeoient plus sobrement que ès aultres jours, et viandes plus desiccatives et extenuantes, affin que l'intemperie humide de l'air, communicquée au corps par necessaire confinité, feust par ce moyen corrigée, et ne leurs feust incommode par ne soy estre exercitez comme avoient de coustume.

Ainsi fut gouverné Gargantua, et continuoit ce procès de jour en jour, profitant comme entendez que peut faire un jeune homme scelon son aage de bon sens en tel exercice ainsi continué. Lequel, combien que semblast pour le commencement difficile, en la continuation tant doulx fut, legier et delectable, que mieulx ressembloit un passetemps de roy que l'estude d'un escholier.

Toutesfoys, Ponocrates, pour le sejourner de ceste vehemente intention des esperitz, advisoit une foys le moys quelque jour bien clair et serain, auquel bougeoient au matin de la ville, et alloient ou à Gentilly, ou à Boloigne, ou à Montrouge, ou au pont Charanton, ou à Vanves, ou à Sainct Clou. Et là passoient toute la journée à faire la plus grande chere dont ilz se pouvoient adviser, raillans, gaudissans, beuvans d'aultant,

jouans, chantans, dansans, se voytrans en quelque beau pré, deniceans des passe-
reaulx, prenans des cailles, peschans aux grenoilles et escrevisses.

Mais encores que icelle journée feust
passée sans livres et lectures, poinct elle
n'estoit passée sans proffit, car en beau
pré ilz recoloient par cuœur quelques
plaisans vers de l'agriculture de Virgile,

Une foys le moys alloient au pont Charanton, ou à Vanves, ou à Sainct Clou.

de Hesiode, du Rusticque de Politian ; descripvoient quelques
plaisans epigrammes en latin, puis le mettoient par rondeaux
et ballades en langue françoyse.

En banquetant, du vin aisgué separoient l'eau, comme
l'enseigne Cato, *De re rust.*, et Pline, avecques un guobelet de
lyerre ; lavoient le vin en plain bassin d'eau, puis le retiroient
avec un embut ; faisoient aller l'eau d'un verre en aultre ; bastissoient plusieurs petitz
engins automates, c'est à dire soy mouvens eulx mesmes.

La grande querelle des fouaciers de Lerné.

Chapitre XXV

Comment feut meu entre les fouaciers de Lerné et ceulx du pays de Gargantua le grand debat dont furent faictes grosses guerres

En cestuy temps, qui fut la saison de vendanges, au commencement de automne, les bergiers de la contrée estoient à guarder les vignes, et empescher que les estourneaux ne mangeassent les raisins.

Onquel temps les fouaciers de Lerné passoient le grand quarroy, menans dix ou douze charges de fouaces à la ville.

Lesdictz bergiers les requirent courtoisement leurs en bailler pour leur argent, au pris du marché.

Car notez que c'est viande celeste, manger à desjeuner raisins avec fouace fraiche, mesmement des pineaulx, des fiers, des muscadeaulx, de la bicane, et des foyrars pour ceulx qui sont constipez de ventre, car ilz les font aller long comme un vouge, et souvent cuidans peter ilz se conchient, dont sont nommez les cuideurs de vendanges.

A leur requeste ne feurent aulcunement enclinez les fouaciers, mais (que pis est les oultragerent grandement, les appellans tropditeulx, breschedens, plaisans rousseaulx, galliers, chienlictz, averlans, limessourdes, faictneans, friandeaulx, bustarins, talvassiers, riennevaulx, rustres, challans, hapelopins, trainneguainnes, gentilz flocquetz, copieux, landores, malotruz, dendins, baugears, tezez, gaubregeux, goguelus, claquedens, boyers d'etrons, bergiers de merde, et aultres telz epithetes diffamatoires, adjoustans que poinct à eulx n'apartenoit manger de ces belles fouaces, mais qu'ilz se debvoient contenter de gros pain ballé et de tourte.

Picrochole incontinent entra en courroux furieux.

Auquel oultraige un d'entr'eulx, nommé Forgier, bien honneste homme de sa personne et notable bacchelier, respondit doulcement : « Depuis quand avez vous prins cornes, qu'estes tant rogues devenuz ? Dea, vous nous en souliez voluntiers bailler, et maintenant y refusez ? Ce n'est faict de bons voisins, et ainsi ne vous faisons nous quand venez ley achapter nostre beau fru- ment, duquel vous faictes voz gasteaux et fouaces ; encores par le marché vous eussions nous donné de noz raisins. Mais, par la mer dé, vous en pourriez repentir, et aurez quelque jour affaire de nous ; lors nous ferons envers vous à la pareille, et vous en soubvienne. »

Adoncq Marquet, grand baston- nier de la confrairie des fouaciers, luy dist : « Vrayement, tu es bien acresté à ce matin ; tu mangeas hersoir trop de mil. Vien çà, vien çà, je te donneray de ma fouace. » Lors Forgier en toute sim-

La grande querelle des fouaciers de Lerné.

Chapitre XXV

Comment feut meu entre les fouaciers de Lerné et ceulx du pays de Gargantua le grand debat dont furent faictes grosses guerres

En cestuy temps, qui fut la saison de vendanges, au commencement de automne, les bergiers de la contrée estoient à guarder les vignes, et empescher que les estourneaux ne mangeassent les raisins.

Onquel temps les fouaciers de Lerné passoient le grand quarroy, menans dix ou douze charges de fouaces à la ville.

Lesdictz bergiers les requirent courtoisement leurs en bailler pour leur argent, au pris du marché.

Car notez que c'est viande celeste, manger à desjeuner raisins avec fouace fraiche, mesmement des pineaulx, des fiers, des muscadeaulx, de la bicane, et des foyrars pour ceulx qui sont constipez de ventre, car ilz les font aller long comme un vouge, et souvent cuidans peter ilz se conchient, dont sont nommez les cuideurs de vendanges.

A leur requeste ne feurent aulcunement enclinez les fouaciers, mais (que pis est les oultragerent grandement, les appellans tropditeulx, breschedens, plaisans rousseaulx, galliers, chienlictz, averlans, limessourdes, faictneans, friandeaulx, bustarins, talvassiers, riennevaulx, rustres, challans, hapelopins, trainneguainnes, gentilz flocquetz, copieux, landores, malotruz, dendins, beaugears, tezez, gaubregeoux, goguelus, claquedens, boyers d'etrons, bergiers de merde, et aultres telz epithetes diffamatoires, adjoustans que poinct à eulx n'apartenoit manger de ces belles fouaces, mais qu'ilz se debvoient contenter de gros pain ballé et de tourte.

Picrochole incontinent entra en courroux furieux.

Auquel oultraige un d'entr'eulx, nommé Forgier, bien honneste homme de sa personne et notable bacchelier, respondit doulcement : « Depuis quand avez vous prins cornes, qu'estes tant rogues devenuz? Dea, vous nous en souliez voluntiers bailler, et maintenant y refusez? Ce n'est faict de bons voisins, et ainsi ne vous faisons nous quand venez icy achapter nostre beau frument, duquel vous faictes voz gasteaux et fouaces; encores par le marché vous cussions nous donné de noz raisins. Mais, par la mer dé, vous en pourriez repentir, et aurez quelque jour affaire de nous ; lors nous ferons envers vous à la pareille, et vous en soubvienne. »

Adoncq Marquet, grand bastonnier de la confrairie des fouaciers, luy dist : « Vrayement, tu es bien acresté à ce matin; tu mangeas hersoir trop de mil. Vien çà, vien çà, je te donneray de ma fouace. » Lors Forgier en toute sim-

plesse approcha, tirant un unzain de son baudrier, pensant que Marquet luy deust deposcher de ses fouaces ; mais il luy bailla de son fouet à travers les jambes si rudement que les noudz y apparoissoient ; puis voulut gaigner à la fuyte ; mais Forgier s'escria au meurtre et à la force tant qu'il peut, ensemble luy getta un gros tribard qu'il portoit soubz son escelle, et le attainct par la joincture coronale de la teste, sus l'artere crotaphique, du cousté dextre, en telle sorte que Marquet tomba de sa jument : mieulx sembloit homme mort que vif.

Forgier
s'escria au meurtre.

Ce pendent les mestaiers, qui là auprès challoient les noiz, accoururent avec leurs grandes gaules et frappèrent sus ces fouaciers comme sus seigle verd. Les aultres bergiers et bergieres, ouyans le cry de Forgier, y vindrent avec leurs fondes et brassiers, et les suyvirent à grands coups de pierres tant menuz qu'il sembloit que ce feust gresle. Finablement les aconceurent, et houstèrent de leurs fouaces environ quatre ou cinq douzeines ; toutesfoys ilz les payèrent au prix acoustumé, et leurs donnerent un cens de quecas et troys panerées de francs aubiers. Puis les fouaciers ayderent à monter Marquet, qui estoit villainement blessé, et retournerent à Lerné sans poursuivre le chemin de Pareillé, menassans fort et ferme les boviers, bergiers et mestayers de Seuillé et de Synays.

Ce faict, et bergiers et bergieres feirent chere lye avecques ces fouaces et beaulx raisins, et se rigollerent ensemble au son de la belle bouzine, se mocquans de ces beaulx fouaciers glorieux, qui avoient trouvé male encontre par faulte de s'estre seignez de la bonne main au matin. Et avec gros raisins chenins estuverent les jambes de Forgier mignonnement, si bien qu'il feut tantost guery.

Le seigneur Trepelu et l'avantguarde de Picrochole.

Chapitre XXVI

Comment les habitans de Lerné,
par le commandement de Picrochole, leur roy, assallirent au despourveu
les bergiers de Gargantua

Les fouaciers retournez à Lerné, soubdain, davant boyre ny manger, se transporterent au capitoly, et là, davant leur roy, nommé Picrochole, tiers de ce nom,
proposerent leur complainte, monstrans leurs paniers rompuz, leurs bonnetz foupiz,
leurs robbes dessirées, leurs fouaces destroussées, et singulierement Marquet blessé
enormement, disans le tout avoir esté faict par les bergiers et mestaiers de Grandgousier,
près le grand carroy par delà Seuillé.

Lequel incontinent entra en courroux furieux, et, sans plus oultre se interroguer
quoy ne comment, feist crier par son pays ban et arriere ban, et que un chascun, sur
peine de la hart, convint en armes en la grand place devant le chasteau, à heure de
midy.

Pour mieulx confermer son entreprise, envoya sonner le tabourin à l'entour de la ville. Luy mesmes, ce pendent qu'on aprestoit son disner, alla faire affuster son artillerie, desployer son enseigne et oriflant, et charger force munitions, tant de harnoys d'armes que de gueulles.

En disnant bailla les commissions ; et feut par son edict constitué le seigneur Trepelu sus l'avantguarde, en laquelle furent contez seize mille quatorze hacquebutiers, trente cinq mille et unze avanturiers.

A l'artillerie fut commis le grand escuyer Toucquedillon ; en laquelle feurent contées neuf cens quatorze grosses pieces de bronze, en canons, doubles canons, baselicz, serpentines, couleuvrines, bombardes, faulcons, passevolans, spiroles et aultres pieces. L'arriereguarde feut baillée au duc Racquedenare. En la bataille se tint le roy et les princes de son royaulme.

Ainsi sommairement acoustrez, davant que se mettre en voye envoyerent troys cens chevaulx legiers, soubz la conduicte du capitaine Engoulevent, pour descouvrir le pays et sçavoir si embusche aulcune estoyt par la contrée. Mais après avoir diligemment recherché, trouverent tout le pays à l'environ en paix et silence, sans assemblée quelconque.

Ce que entendent Picrochole, commenda qu'un chascun march ast soubz son enseigne hastivement.

Adoncques sans ordre et mesure prindrent les champs les uns parmy les aultres, gastans et dissipans tout par où ilz passoient, sans espargner ny pauvre ny riche, ny lieu sacré ny prophane ; emmenoient beufz, vaches, thoreaux, veaulx, genisses, brebis, moutons, chevres et boucqs, poulles, chappons, poulletz, oysons, jards, oyes, porcs, truyes, guoretz ; abastans les noix, vendangeans les vignes, emportans les seps, croullans tous les fruictz des arbres. C'estoit un desordre incomparable de ce qu'ilz aisoient.

Et ne trouverent personne qui leurs resistast ; mais un chascun se mettoit à leur mercy, les suppliant estre traictez plus humainement, en consideration de ce qu'ilz avoient de tous temps esté bons et amiables voisins, et que jamais envers eulx ne commirent excès ne oultraige, pour ainsi soubdainement estre par iceulx mal vexez, et que Dieu les en puniroit de bref. Es quelles remonstrances rien plus ne respondoient, sinon qu'ilz leurs vouloient aprendre à manger de la fouace.

Chapitre XXVII

Comment un moine de Seuillé saulva le cloz de l'abbaye du sac des ennemys

Frere Jean des Entommeures.

Tant feirent et tracasserent, pillant et larronnant, qu'ilz arriverent à Seuillé et destrousserent hommes et femmes, et prindrent ce qu'ilz peurent; rien ne leurs feut ne trop chault ne trop pesant. Combien que la peste feust par la plus grande part des maisons, ilz entroient par tout et ravissoient tout ce que estoit dedans, et jamais nul n'en print dangier, qui est cas assez merveilleux: car les curez, vicaires, prescheurs, medicins, chirugiens et apothecaires, qui alloient visiter, penser, guerir, prescher et admonnester les malades, estoient tous mors de l'infection, et ces diables pilleurs et meurtriers oncques n'y prindrent mal. Dont vient cela, Messieurs? Pensez y, je vous pry.

Le bourg ainsi pillé, se transporterent en l'abbaye avecques horrible tumulte, mais la trouvèrent bien reserrée et fermée, dont l'armée principale marcha oultre vers le gué de Vede, exceptez sept enseignes de gens de pied et deux cens lances qui là resterent, et rompirent les murailles du cloz affin de guaster toute la vendange.

Les pauvres diables de moines ne sçavoient auquel de leurs saincts se vouer. A toutes adventures feirent sonner *ad capitulum capitulantes.* Là feut decreté qu'ilz feroient une belle procession renforcée de beaulx preschans et letanies *contra hostium insidias,* et beaulx responds *pro pace.*

En l'abbaye estoit pour lors un moine claustrier nommé frere Jean des Entommeures, jeune, guallant, frisque, de hayt, bien à dextre, hardy, adventureux, deliberé,

hault, maigre, bien fendu de gueule, bien advantagé en nez, beau despescheur d'heures, beau desbrideur de messes, beau descroteur de vigiles ; pour tout dire sommairement, vray moyne, si onques en feut depuys que le monde moynant moyna de moynerie. Au reste, clerc jusques ès dents en matière de breviaire.

Icelluy, entendent le bruyt que faisoyent les ennemys par le cloz de leur vigne, sortit hors pour veoir ce qu'ilz faisoient ; et, advisant qu'ilz vendangeoient leur cloz, auquel estoyt leur boyte de tout l'an fondée, retourne au cueur de l'eglise, où estoient les aultres moynes, tous estonnez comme fondeurs de cloches, lesquelz voyant chanter *ini, nim, pe, ne, ne, ne, ne, ne, ne, tum, ne, num, num, ini, i, mi, i, mi, i, co, o, ne, no, o, o, ne, no, ne, no, no, no, rum, ne, num, num :* « C'est, dist-il, bien chié chanté ! Vertus Dieu ! que ne chantez vous : Adieu, paniers, vendanges sont faictes ? Je me donne au Diable s'ilz ne sont en nostre cloz, et tant bien couppent et seps et raisins qu'il n'y aura, par le corps Dieu, de quatre années que halleboter dedans. Ventre Sainct Jacques ! que boyrons nous ce pendent, nous aultres pauvres diables ? Seigneur Dieu, *da mihi potum !* »

Lors dist le prieur claustral : « Que fera cest hyvrogne icy ? Qu'on me le mène en prison ! Troubler ainsi le service divin !

— Mais (dist le moyne) le service du vin ! Faisons tant qu'il ne soit troublé : car vous mesmes, Monsieur le prieur, aymez boyre du meilleur. Sy faict tout homme de bien ; jamais homme noble ne hayst le bon vin : c'est un apophthegme monachal. Mais ces responds que chantez ycy ne sont, par Dieu ! poinct de saison.

» Pour quoy sont noz heures en temps de moissons et vendanges courtes, en l'Advent et tout hyver longues ?

» Feu de bonne memoire frere Macé Pelosse, vray zelateur (ou je me donne au Diable) de nostre religion, me dist, il m'en soubvient, que la raison estoyt affin qu'en ceste saison nous facions bien serrer et faire le vin, et qu'en hyver nous le humons.

» Escoutez, Messieurs : Vous aultres qui aymez le vin, le corps Dieu, sy me suyvez. Car, hardiment, que sainct Antoine me arde sy ceulx tastent du pyot qui n'auront secouru la vigne ! Ventre Dieu ! les biens de l'Eglise ! Ha ! non, non. Diable ! Sainct Thomas l'Anglois voulut bien pour yceulx mourir ; si je y mouroys, ne seroys je sainct de mesmes ? Je n'y mourray jà pourtant, car c'est moy qui le foys ès aultres. »

Ce disant, mist bas son grand habit, et se saisist du baston de la croix, qui estoyt de cueur de cormier, long comme une lance, rond à plain poing, et quelque peu semé de fleurs de lys, toutes presque effacées. Ainsi sortit en beau sayon, mist son froc en escharpe, et de son baston de la Croix donna sy brusquement sus les ennemys, qui sans ordre ne enseigne, ne trompette ne tabourin, parmy le cloz vendangeoient : car les porte-guydons et portenseignes avoient mys leurs guidons et enseignes l'orée des murs ; les tabourineurs avoient defoncé leurs tabourins d'un cousté pour les emplir de raisins ; les trompettes estoient chargez de moussines ; chascun estoyt desrayé. Il chocqua doncques si roydement sus eulx sans dyre guare qu'il les renversoyt comme porcs, frapant à tors et à travers à la vieille escrime.

Alarme à l'abbaye de Seuillé.

Ès uns escarbouilloyt la cervelle, ès aultres rompoyt bras et jambes, ès aultres deslochoyt les spondyles du coul, ès aultres demoulloyt les reins, avalloyt le nez, poschoyt les yeulx, fendoyt les mandibules, enfonçoyt les dens en la gueule, descroulloyt les omoplates, sphaceloyt les greves, desgondoit les ischies, debezilloit les faucilés.

Si quelcq'un se vouloyt cascher entre les seps plus espès, à icelluy freussoit toute l'areste du douz, et l'esrenoit comme un chien.

Si aulcun saulver se vouloyt en fuyant, à icelluy faisoyt voler la teste en pieces par la commissure lambdoïde.

Sy quelqu'un gravoyt en une arbre, pensant y estre en seureté, icelluy de son baston empaloyt par le fondement.

Si quelqu'un de sa vieille congnoissance luy crioyt : « Ha ! frère Jean, mon amy, frère Jean, je me rend ! — Il t'est (disoyt il) bien force ; mais ensemble tu rendras l'ame à tous les Diables. » Et soubdain luy donnoit dronos. Et si personne tant feust esprins de temerité qu'il luy voulust resister en face, là monstroyt il la force de ses muscles, car il leurs transperçoyt la poictrine par le mediastine et par le cueur ; à d'aultres, donnant suz la faulte des coustes, leur subvertissoyt l'estomach, et mouroient soubdainement ; ès aultres tant fierement frappoyt par le nombril qu'il leurs faisoyt sortir les tripes; ès aultres parmy les couillons persoyt le boyau cullier. Croyez que c'estoyt le plus horrible spectacle qu'on veit oncques.

Les uns cryoient saincte Barbe;

Les aultres, sainct George;

Les aultres, saincte Nytouche;

Les aultres, nostre Dame de Cunault, de Laurette, de Bonnes Nouvelles, de la Lenou, de Riviere.

Les ungs se vouoyent à sainct Jacques, les aultres au sainct Suaire de Chambery : mais il brusla troys moys après si bien qu'on n'en peut saulver un seul brin;

Les aultres à Cadouyn;

Les aultres à sainct Jean d'Angely;

Les aultres à sainct Eutrope de Xainctes, à sainct Mesmes de Chinon, à sainct Martin de Candes, à sainct Clouaud de Sinays, ès reliques de Laurezay, et mille aultres bons petitz sainctz.

Les ungs mouroient sans parler, les aultres parloient sans mourir; les ungs mouroient en parlant, les aultres parloient en mourant.

Les aultres crioient à haulte voix : « Confession! Confession! *Confiteor! Miserere! In manus!* »

Tant fut grand le cris des navrez, que le prieur de l'abbaye avec tous ses moines sortirent, lesquelz, quand apperceurent ces pauvres gens ainsi ruez parmy la vigne et blessez à mort, en confesserent quelques ungs. Mais ce pendent que les prebstres se amusoient à confesser, les petits moinetons coururent au lieu où estoit frere Jean, et luy demanderent en quoy il vouloit qu'ilz luy aydassent.

A quoy respondit qu'ilz esguorgetassent ceulx qui estoient portez par terre. Adoncques, laissans leurs grandes cappes sus une treille au plus près, commencerent esguorgeter et achever ceulx qu'il avoit desjà meurtriz. Sçavez vous de quelz ferremens? A beaulx gouetz, qui sont petitz demy cousteaux dont les petitz enfans de nostre pays cernent les noix.

Puis à tout son baston de croix guaingna la bresche qu'avoient faict les ennemys. Aulcuns des moinetons emporterent les enseignes et guydons en leurs chambres pour en faire des jartiers. Mais quand ceulx qui s'estoient confessez vouleurent sortir par icelle bresche, le moyne les assommoit de coups, disant: « Ceux cy sont confés et repentans, et ont guaigné les pardons : ilz s'en vont en Paradys aussy droict comme une faucille, et comme est le chemin de Faye. » Ainsi, par sa prouesse, furent desconfiz tous ceulx de l'armée qui estoient entrez dedans le clous, jusques au nombre de treze mille six cens vingt et deux, sans les femmes et petitz enfans, cela s'entend tousjours.

Jamais Maugis hermite ne se porta sy vaillamment à tout son bourdon contre les Sarrasins, des quelz est escript ès gestes des quatre filz Haymon, comme feist le moine à l'encontre des ennemys avec le baston de la croix.

Chapitre XXVIII

Comment Picrochole print d'assault la Roche Clermauld, et le regret et difficulté que feist Grandgousier de entreprendre guerre

Ce pendent que le moine s'escarmouchoit comme avons dict contre ceulx qui estoient entrez le clous, Picrochole à grande hastiveté passa le gué de Vede avec ses gens, et assaillit la Roche Clermauld, auquel lieu ne luy feut faicte resistance quelconques ; et par ce qu'il estoit jà nuict, delibera en icelle ville se heberger soy et ses gens, et refraischir de sa cholere pungitive.

Au matin print d'assault les boullevars et chasteau, et le rempara tresbien, et le proveut de munitions requises, pensant là

Ce pendent que le moine s'escarmouchoit.

faire sa retraicte si d'ailleurs estoit assailly : car le lieu estoit fort et par art et par nature, à cause de la situation et assicte.

Or laissons les là, et retournons à nostre bon Gargantua, qui est à Paris, bien instant à l'estude des bonnes lettres et exercitations athletiques ; et le vieux bon homme Grandgousier son pere, qui après souper se chauffe les couilles à un beau clair et grand feu, et, attendent graisler des chastaines, escript au foyer avec un baston bruslé d'un bout, dont on escharbotte le feu, faisant à sa femme et famille de beaulx contes du temps jadis.

Un des bergiers qui gardoient les vignes, nommé Pillot, se transporta devers luy en icelle heure, et raconta entierement les excès et pillaiges que faisoit Picrochole, roy de Lerné, en ses terres et dommaines, et comment il

Au matin Picrochole print d'assault les boullevars.

avoit pillé, gasté, saccagé tout le pays, excepté le clous de Seuillé, que frère Jean des

Entommeures avoit saulvé à son honneur, et de present estoit ledict roy en la Roche Clermauld, et là en grande instance se remparoit, luy et ses gens.

« Holos ! holos ! dist Grandgousier, qu'est cecy, bonnes gens ? Songe je, ou si vray est ce qu'on me dict ? Picrochole, mon amy ancien, de tout temps, de toute race et alliance, me vient il assaillir ? Qui le meut ? Qui le poinct ? Qui le conduict ? Qui l'a ainsi conseillé ? Ho ! ho ! ho ! ho ! ho ! Mon dieu ! mon saulveur ! ayde moy, inspire moy, conseille moy à ce qu'est de faire !

» Je proteste, je jure davant toy, ainsi me soys tu favorable, sy jamais à luy desplaisir, ne à ses gens dommaige, ne en ses terres je feis pillerie : mais, bien au contraire, je l'ay secouru de gens, d'argent, de faveur et de conseil, en tous cas que ay peu cognoistre son adventaige. Qu'il me ayt donecques en ce poinct oultragé, ce ne peut estre que par l'esprit maling. Bon Dieu ! tu congnois mon couraige, car à toy rien ne peut estre celé. Si par cas il estoit devenu furieux, et que pour luy rehabiliter son cerveau tu me l'eusse icy envoyé, donne-moy et pouvoir et sçavoir le rendre au joug de ton sainct vouloir par bonne discipline !

» Ho ! ho ! ho ! mes bonnes gens, mes amys et mes féaulx serviteurs, fauldra il que je vous empesche à me y aider ? Las ! ma vieillesse ne requerroit dorenavant que repous, et toute ma vie n'ay rien tant procuré que paix : mais il fault, je le voy bien, que maintenant de harnoys je charge mes pauvres espaules lasses et foibles, et en ma main tremblante je preigne la lance et la masse pour secourir et guarantir mes pauvres subjectz. La raison le veult ainsi, car de leur labeur je suis entretenu, et de leur sueur je suis nourry, moy, mes enfans et ma famille.

» Ce non obstant, je n'entreprendray guerre que je n'aye essayé tous les ars et moyens de paix : là je me resolus. »

Adoncques feist convocquer son conseil et proposa l'affaire tel comme il estoit : et fut conclud qu'on envoiroit quelque homme prudent devers Picrochole, sçavoir pourquoy ainsi soubdainement estoit party de son repous et envahy les terres ès quelles n'avoit droict quicquonques. Davantaige, qu'on envoyast querir Gargantua et ses gens, affin de maintenir le pays et defendre à ce besoing. Le tout pleut à Grandgousier, et commenda que ainsi feust faict. Dont sus l'heure envoya le Basque, son laquays, querir à toute diligence Gargantua ; et luy escripvoit comme s'ensuit.

Chapitre XXIX

Le teneur des lettres que Grandgousier escripvoit à Gargantua

Le plus tost que faire pourras, ces lettres veues.

La ferveur de tes estudes requeroit que de long temps ne te revocasse de cestuy philosophicque repous, sy la confiance de noz amys et anciens confederez n'eust de present frustré la seureté de ma vieillesse. Mais puis que telle est ceste fatale destinée, que par iceulx soye inquieté ès quelz plus je me repousoye, force me est te rappeler au subside des gens et biens qui te sont par droict naturel affiez.

Car, ainsi comme debiles sont les armes au dehors si le conseil n'est en la maison, aussi vaine est l'estude et le conseil inutile qui en temps oportun par vertus n'est executé et à son effect reduict.

Ma deliberation n'est de provocquer, ains de apaiser; d'assaillir, mais defendre; de conquester, mais de guarder mes féaulx subjectz et terres hereditaires, ès quelles est hostillement entré Picrochole, sans cause ny occasion, et de jour en jour poursuit sa furieuse entreprinse avecques excès non tolerables à personnes libères.

Je me suis en debvoir mis pour moderer sa cholere tyrannicque, luy offrent tout ce que je pensois luy povoir estre en contentement, et par plusieurs fois ay envoyé amiablement devers luy pour entendre en quoy, par qui et comment il se sentoit oultragé; mais de luy n'ay eu responce que de voluntaire deffiance, et que en mes terres pretendoit seulement droict de bien seance. Dont j'ay congneu que Dieu eternel l'a laissé au gouvernail de son franc arbitre et propre sens, qui ne peult estre que meschant sy par grace divine n'est continuellement guidé, et pour le contenir en office et reduire à congnoissance me l'a icy envoyé à molestes enseignes.

Pour tant, mon filz bien aymé, le plus tost que faire pouras, ces lettres veues, retourne à diligence secourir, non tant moy (ce que toutesfoys par pitié naturellement tu doibs) que les tiens, lesquelz, par raison, tu peuz saulver et guarder. L'exploict sera faict à

Picrochole, roy de Lerné.

moindre effusion de sang que sera possible; et, si possible est, par engins plus expediens, cauteles et ruzes de guerre, nous saulverons toutes les ames et les envoyerons joyeux à leurs domiciles.

Treschier filz, la paix de Christ, nostre redempteur, soyt avecques toy. Salue Pono-crates, Gymnaste et Eudemon de par moy. Du vingtiesme de septembre.

Ton pere, GRANDGOUSIER.

Le bon homme Gallet demanda au meusnier de l'estat de Picrochole.

Chapitre XXX

Comment Ulrich Gallet fut envoyé devers Picrochole

Les lettres dictées et signées, Grandgousier ordonna que Ulrich Gallet, maistre de ses requestes, homme saige et discret, duquel en divers et contentieux affaires il avoit esprouvé la vertus et bon advis, allast devers Picrochole, pour luy remonstrer ce que par eux avoit esté decreté.

En celle heure partit le bon homme Gallet, et, passé le gué, demanda au meusnier de l'estat de Picrochole, lequel luy feist responce que ses gens ne luy avoient laissé ny coq ny geline, et qu'ilz s'estoient enserrez en la Roche Clermauld, et qu'il ne luy conseilloit poinct de proceder oultre, de peur du guet, car leur fureur estoit enorme. Ce que facilement il creut, et pour celle nuict herbergea avecques le meusnier.

Au lendemain matin se transporta avecques la trompette à la porte du chasteau, et requist ès guardes qu'ilz le feissent parler au roy pour son profit.

Les parolles annoncées au roy, ne consentit aulcunement qu'on luy ouvrist la porte, mais se transporta sus le bolevard, et dist à l'embassadeur : « Qu'i a il de nouveau ? que voulez-vous dire ? » Adoncques l'embassadeur proposa comme s'ensuit.

Chapitre XXXI

La Harangue faicte par Gallet à Picrochole

Devant la Roche Clermauld.

« Plus juste cause de douleur naistre ne peut entre les humains, que si du lieu dont par droicture esperoient grace et benevolence ilz recepvent ennuy et dommaige. Et non sans cause (combien que sans raison), plusieurs venuz en tel accident ont ceste indignité moins estimé tolerable que leur vie propre, et, en cas que par force ny aultre engin ne l'ont peu corriger, se sont eulx mesmes privez de ceste lumiere.

» Doncques merveille n'est si le roy Grandgousier mon maistre est à ta furieuse et hostile venue saisy de grand desplaisir et perturbé en son entendement; merveille seroit si ne l'avoient esmeu les excès incomparables qui en ses terres et subjectz ont esté par toy et tes gens commis, ès quelz n'a esté obmis exemple aulcun d'inhumainité. Ce que luy est tant grief de soy, par la cordiale affection de laquelle tousjours a chery ses subjetz, que à mortel homme plus estre ne sçauroit. Toutesfoys sus l'estimation humaine plus grief luy est en tant que par toy et les tiens ont esté ces griefz et tords faictz, qui de toute memoire et ancienneté aviez, toy et tes peres, une amitié avecques luy et tous ses ancestres conceu, laquelle jusques à present, comme sacrée, ensemble aviez inviolablement maintenue, guardée et entretenue, si bien que non luy seulement ny les siens, mais les nations Barbares, Poictevins, Bretons, Manseaux et ceulx qui habitent oultre les isles de Canarre et Isabella, ont estimé aussi facile demollir le firmament, et les abysmes eriger au dessus des nues, que desemparer vostre alliance, et tant l'ont redoubtée en leurs entreprinses, que n'ont jamais auzé provoquer, irriter ny endommaiger l'ung, par craincte de l'aultre.

» Plus y a: Ceste sacrée amitié tant a emply ce ciel, que peu de gens sont aujourd'huy habitans par tout le continent et isles de l'Ocean, qui ne ayent ambitieusement aspiré estre receuz en icelle, à pactes par vous mesmes conditionnez, autant estimans vostre confederation que leurs propres terres et dommaines. En sorte que de toute memoire n'a esté prince ny ligue tant efferée ou superbe, qui ait auzé courir sus, je ne dis poinct voz terres, mais celles de voz confederez. Et si par conseil precipité ont encontre eulx attempté quelque cas de nouvelleté, le nom et tiltre de vostre alliance entendu, ont soubdain desisté de leurs entreprinses. Quelle furie doncques te esmeut maintenant, toute alliance brisée, toute amitié conculquée, tout droict trespassé, envahir hostilement ses terres, sans en rien avoir esté par luy ny les siens endommaigé, irrité ny provocqué? Où est foy? Où est loy? Où est raison? Où est humanité? Où est craincte de Dieu? Cuyde tu ces oultraiges estre recellés ès esperitz eternelz et au Dieu souverain, qui est juste retributeur de noz entreprinses? Si le cuyde, tu te trompe : car toutes choses viendront à son jugement. Sont ce fatales destinées ou influences des astres qui voulent mettre fin à tes ayzes et repous? Ainsi ont toutes choses leur fin et periode. Et quand elles sont venues à leur poinct suppellatif, elles sont en bas ruinées ; car elles ne peuvent long temps en tel estat demourer. C'est la fin de ceulx qui leurs fortunes et prosperitez ne peuvent par rayson et temperance moderer.

Duc de Menuail.

« Mais si ainsi estoit phoé, et deust ores ton heur et repos prendre fin, failloit il que ce feust en incommodant à mon Roy, celluy par lequel tu estois estably? Si ta maison debvoit ruiner, failloit il qu'en sa ruine tombast suz les atres de celluy qui l'avoit aornée? La chose est tant hors les metes de raison, tant abhorrente de sens commun, que à peine peut elle estre par humain entendement conceue, et jusques à ce demourera non croiable entre les estrangiers, que l'effect asseuré et tesmoigné leur donne à entendre que rien n'est ny sainct ny sacré à ceulx qui se sont emancipez de Dieu et raison pour suyvre leurs affections perverses.

Excès et pillaiges de Picrochole.

» Si quelque tort eust esté par nous faict en tes subjectz et dommaines ; si par nous eust esté porté faveur à tes mal vouluz ; si en tes affaires ne te eussions secouru ; si par nous ton nom et honneur eust esté blessé, ou, pour mieulx dire, si l'esperit calumniateur, tentant à mal te tirer, eust par fallaces especes et phantasmes ludificatoyres mis en ton entendement que envers toy eussions faict choses non dignes de nostre ancienne amitié, tu debvois premier enquerir de la verité, puis nous en admonester, et nous eussions tant à ton gré satisfaict que eusse eu occasion de toy contenter. Mais, ô Dieu eternel, quelle est ton entreprinse?

» Vouldroys tu, comme tyrant perfide, pillier ainsi et dissiper le royaulme de mon maistre? Le as tu esprouvé tant ignave et stupide qu'il ne voulust, ou tant destitué de gens, d'argent, de conseil et d'art militaire, qu'il ne peust resister à tes iniques assaulx? Depars d'icy presentement, et demain pour tout le jour soys retiré en les terres, sans par le chemin faire aulcun tumulte ne force. Et paye mille bezans d'or pour les dommaiges que as faict en ces terres. La moytié bailleras demain, l'aultre moytié payeras ès Ides de may prochainement venant, nous delaissant ce pendent pour hostaige les ducs de Tournemoule, de Basdefesses et de Menuail, ensemble le prince de Gratelles et le vicomte de Morpiaille. »

Le as tu tant destitué de gens et d'art militaire,
qu'il ne peust resister à tes iniques assaulx?

Les excès incomparables commis par les gens de Picrochole.

Chapitre XXXII

Comment Grandgousier, pour achapter paix, feist rendre les fouaces

Atant se teut le bon homme Gallet; mais Picrochole à tous ses propos ne respond aultre chose sinon : « Venez les querir, venez les querir. Ilz ont belle couille et molle. Ilz vous brayeront de la fouace. » Adoncques retourne vers Grandgousier, lequel trouva à genous, teste nue, encliné en un petit coing de son cabinet, priant Dieu qu'il vouzist amollir la cholere de Picrochole, et le mettre au poinct de raison, sans y proceder par force. Quand veit le bon homme de retour, il luy demanda : « Ha! mon amy, mon amy, quelles nouvelles m'apportez-vous? — Il n'y a, dist Gallet, ordre : cest homme est du tout hors du sens et delaissé de Dieu. — Voyre mais, dist Grandgousier, mon amy, quelle cause pretend il de cest excès ?

— Il ne me a, dist Gallet, cause quecconques exposé, sinon qu'il m'a dict en cholere quelques motz de fouaces. Je ne sçay si l'on auroit poinct faict oultrage à ses fouaciers. — Je le veulx, dist Grandgousier, bien entendre davant qu'aultre chose deliberer sur ce que seroit de faire. » Alors manda sçavoir de cest affaire, et trouva pour vray qu'on avoit prins par force quelques fouaces de ses gens, et que Marquet avoit repceu un coup de tribard sus la teste ; toutesfoys que le tout avoit esté bien payé, et que le dict Marquet avoit premier blessé Forgier de son fouet par les jambes. Et sembla à tout son conseil que en toute force il se doibvoit deffendre. Ce non obstant dist Grandgousier : « Puis qu'il n'est question que de quelques fouaces, je essayeray le contenter, car il me desplait par trop de lever guerre. » Adoncques s'enquesta combien on avoit prins de fouaces, et entendent quatre ou cinq douzaines, commenda qu'on en feist cinq charretées en icelle nuict, et que l'une feust de fouaces faictes à beau beurre, beau moyeux d'eufz, beau saffran et belles espices, pour estre distribuées à Marquet, et que pour ses interestz il luy donnoit sept cens mille et troys Philippus pour payer les barbiers qui l'auroient pensé, et d'abondant luy donnoit la mestayrie de la Pomardiere à perpétuité franche pour luy et les siens. Pour le tout conduire et passer fut envoyé Gallet, lequel par le chemin feist cuillir près de la sauloye force grands rameaux de cannes et rouzeaux, et en feist armer autour leurs charrettes, et chascun des chartiers ; luy mesmes en tint un en sa main, par ce voulant donner à congnoistre qu'ilz ne demandoient que paix et qu'ilz venoient pour l'achapter. Eulx venuz à la porte, requirent parler à Picrochole de par Grandgousier. Picrochole ne voulut oncques les laisser entrer, ny aller à eulx parler, et leurs manda qu'il estoit empesché, mais qu'ilz dissent ce qu'ilz vouldroient au capitaine Toucquedillon, lequel affustoit quelque piece sus les murailles. Adonc luy dict le bon homme : « Seigneur, pour vous retirer de tout ce debat et

Il n'a esté obmis exemple aulcun d'inhumainité.

ouster toute excuse que ne retournez en nostre premiere alliance, nous vous rendons presentement les fouaces dont est la controverse. Cinq douzaines en prindrent noz gens : elles feurent très bien payées ; nous aymons tant la paix que nous en rendons cinq charrettes, desquelles ceste icy sera pour Marquet, qui plus se plainct. Dadvantaige, pour le contenter entièrement, voylà sept cens mil et trois Philippus que je luy livre, et, pou rl'interest qu'il pourroit pretendre, je luy cede la mestayrie de la Pomardiere à perpetuité, pour luy et les siens, possedable en franc alloy : voyez cy le contract de la transaction. Et, pour Dieu, vivons dorenavant en paix, et vous retirez en voz terres joyeusement, cedans ceste place icy, en laquelle n'avez droict quelconques, comme bien le confessez, et amis comme par avant. » Toucquedillon raconta le tout à Picrochole, et de plus en plus envenima son couraige, luy disant : « Ces rustres ont belle paour. Par Dieu, Grandgousier se conchie, le pauvre beuveur; ce n'est son art aller en guerre, mais ouy bien vuider les flascons. Je suis d'opinion que retenons ces fouaces et l'argent, et au reste nous hastons de remparer icy et poursuivre nostre fortune. Mais pensent ilz bien avoir affaire à une duppe, de vous paistre de ces fouaces? Voilà que c'est : le bon traictement et la grande familiarité que leurs avez par cy davant tenue vous ont rendu envers eulx contemptible. Oignez villain, il vous poindra. Poignez villain, il vous oindra. — Çà, çà, çà, dist Picrochole, sainct Jacques, ilz en auront : faictes ainsi qu'avez dict. — D'une chose, dist Toucquedillon, vous veulx je advertir : nous sommes icy assez mal avituaillez, et pourveuz maigrement des harnoys de gueule. Si Grandgousier nous mettoit siege, dès à present m'en irois faire arracher les dents toutes, seulement que troys me restassent, autant à voz gens comme à moy : avec icelles nous n'avangerons que trop à manger noz munitions. — Nous, dist Picrochole, n'aurons que trop mangeailles. Sommes nous icy pour manger ou pour batailler? — Pour batailler, vrayement, dist Toucquedillon; mais de la panse vient la dance, et où faim règne force exule. — Tant jazer! dist Picrochole. Saisissez ce qu'ilz ont amené. » Adoncques prindrent argent et fouaces et boeufz et charrettes, et les renvoyèrent sans mot dire, si non que plus n'aprochassent de si près, pour la cause qu'on leur diroit demain. Ainsi sans rien faire retournerent devant Grandgousier, et luy conterent le tout, adjoustans qu'il n'estoit aucun espoir de les tirer à paix, sinon à vive et forte guerre.

Harnoys de gueule.

Et oppugnerez les royaulmes de Tunic, de Hippes, Argiere, Bone.

Chapitre XXXIII

Comment certains gouverneurs de Picrochole, par conseil precipité, le mirent au dernier peril

Le comte Spadassin.

Les fouaces destroussées, comparurent davant Picrochole les duc de Menuail, comte Spadassin et capitaine Merdaille, et lui dirent : « Cyre, aujourd'huy nous vous rendons le plus heureux, plus chevaleureux prince qui oncques feust depuis la mort de Alexandre Macedo. — Couvrez, couvrez vous, dist Picrochole. — Grand mercy (dirent-ilz), Cyre, nous sommes à nostre debvoir. Le moyen est tel : Vous laisserez icy quelque capitaine en garnison avec petite bande de gens pour garder la place, laquelle nous semble assez forte, tant par nature que par les rempars faictz à vostre invention. Vostre armée partirez en deux, comme trop mieulx l'entendez.

» L'une partie ira ruer sur ce Grandgousier et ses gens. Par icelle sera de prime abordée facilement desconfi. Là recouvrerez argent à tas, car le vilain en a du content : vilain, disons nous, parce que un noble prince n'a jamais un sou. Thesaurizer est faict de vilain.

» L'aultre partie, ce pendent, tirera vers Onys, Sanctonge, Angomoys et Gascoigne, ensemble Perigot, Medoc et Elanes. Sans resistence prendront villes, chasteaux et forteresses. A Bayonne, à Sainct-Jean-de-Luc et Fontarabie saysirez toutes les naufs, et, coustoyant vers Galice et Portugal, pillerez tous les lieux maritimes jusques à Ulisbonne, où aurez renfort de tout equipage requis à un conquerent. Par le corbieu! Hespaigne se rendra, car ce ne sont que madourrez. Vous passerez par l'estroict de Sibyle, et là erigerez deux colomnes plus magnificques que celles de Hercules, à perpetuelle memoire de vostre nom. Et sera nommé cestuy destroict la mer Picrocholine.

» Passée la mer Picrocholine, voicy Barberousse qui se rend vostre esclave. — Je dist Picrochole le prendray à mercy. — Voyre (dirent-ilz), pourveu qu'il se face baptiser. Et oppugnerez les royaulmes de Tunic, de Hippes, Argiere, Bone, Corone, hardiment toute Barbarie. Passant oultre, retiendrez en vostre main Majorque, Minorque, Sardaine, Corsicque et aultres isles de la mer Ligusticque et Baleare. Coustoyant à gausche, dominerez toute la Gaule Narbonicque, Provence et Allobroges, Genes, Florence, Lucques, et à Dieu seas Rome. Le pauvre monsieur du Pape meurt desjà de peur. — Par ma foy, dist Picrochole, je ne luy baiseray jà sa pantoufle. — Prinze Italie, voylà Naples, Calabre, Appoulle et Sicile toutes à sac, et Malthe avec. Je vouldrois bien que les plaisans chevaliers jadis Rhodiens vous resistassent, pour veoir de leur urine! — Je iroys (dist Picrochole) voluntiers à Laurette. — Rien, rien, dirent ils, ce sera au retour. De là prendrons Candie, Cypre, Rhodes et les isles Cyclades, et donnerons sus la Morée. Nous la tenons. Sainct Treignan, Dieu gard Hierusalem! car le soubdan n'est pas comparable à vostre puissance. — Je (dist il) feray doncques bastir le temple de Salomon. — Non, dirent ilz, encores; attendez un peu. Ne soyez jamais tant soubdain à voz entreprinses.

» Sçavez vous que disoit Octavian Auguste? *Festina lente*. Il vous convient premierement avoir l'Asie Minor, Carie, Lycie, Pamphile, Celicie, Lydie, Phrygie, Mysie, Betune, Charazie, Satalie, Samagarie, Castamena, Luga, Savasta, jusques à Euphrates. — Voyrons nous, dist Picrochole, Babylone et le mont Sinay? — Il n'est, dirent ilz, jà besoing pour ceste heure. N'est ce pas assez tracassé de avoir transfreté la mer Hircane, chevauché les deux Armenies et les troys Arabies? — Par ma foy! dist-il, nous sommes affolez. Ha! pauvres gens! — Quoy! dirent-ilz. — Que boirons nous par ces desers?

Le capitaine Toucquedillon.

Car Julian Auguste et tout son oust y moururent de soif, comme l'on dict. — Nous (dirent ilz) avons jà donné ordre à tout. Par la mer Siriace vous avez neuf mille quatorze grands naufz chargées des meilleurs vins du monde; elles arriverent à Japhes

Là se sont trouvez vingt et deux cens mille chameaulx et seize cens elephans,
lesquelz aurez prins à une chasse environ Sigeilmes, lors que entrastes en Libye; et
d'abondant eustes toute la garavane de la Mecha. Ne vous fournirent-ilz de vin à suffi-
sance?

— Voire mais, dist-il, nous ne beumes poinct frais. — Par la vertus, dirent ilz, non
pas d'un petit poisson, un preux, un conquerent, un pretendant et aspirant à l'empire
univers ne peut tousjours avoir ses aizes! Dieu soit loué que estes venu vous et voz
gens saufz et entiers jusques au fleuve du Tigre! — Mais, dist il, que faict ce pendent
la part de nostre armée qui desconfit ce villain humeux Grandgousier. — Ilz ne
chomment pas, dirent ilz; nous les rencontrerons tantost: Ilz vous ont pris Bretaigne,
Normandie, Flandres, Haynault, Brabant, Artoys, Hollande, Selande; ils ont passé le
Rhein par sus le ventre des Suices et lansquenetz, et
part d'entre eulx ont dompté Luxembourg, Lorraine, la
Champaigne, Savoye jusques à Lyon; auquel lieu ont trouvé
voz garnisons retournans des conquestes navales de la mer
Mediterranée, et se sont reassemblez en Boheme après
avoir mis à sac Soueve, Vuitemberg, Bavieres, Austriche,
Moravie et Stiric; puis ont donné fierement ensemble sus
Lubek, Norwerge, Sweden, Rich, Dace, Gotthie, Engrone-
land, les Estrelins, jusques à la mer glaciale. Ce faict,
conquesterent les isles Orchades, et subjuguerent Escosse,
Angleterre et Irlande. De là, navigans par la mer sabuleuse
et par les Sarmates, ont vaincu et dominé Prussie, Polonie,
Lituuanie, Russie, Valache, la Transsilvane et Hongrie,
Bulgarie, Turquie, et sont à Constantinoble. — Allons nous,
dist Picrochole, rendre à eulx le plus toust, car je veulx estre aussi empereur de
Thebizonde. Ne tuerons nous pas tous ces chiens Turcs et mahumetistes? — Que
diable, dirent ilz, ferons nous doncques?

» Et donnerez leurs biens et terres à ceulx qui vous auront servy honnestement. —
La raison (dist il) le veult: c'est equité. Je vous donne la Carmaigne, Surie et toute la
Palestine. — Ha! dirent ilz, Cyre, c'est du bien de vous; grand mercy. Dieu vous face
bien tousjours prosperer. »

Là present estoit un vieux gentilhomme esprouvé en divers hazars, et vray routier
de guerre, nommé Echephron, lequel, ouyant ces propous, dist: « J'ay grand peur que
toute ceste entreprinse sera semblable à la farce du pot au laict, duquel un cordouannier
se faisoit riche par resverie; puis, le pot cassé, n'eut de quoy disner. Que pretendez
vous par ces belles conquestes? Quelle sera la fin de tant de travaulx et traverses? —
Ce sera, dist Picrochole, que, nous retournez, repouserons à noz aises. » Dont dist
Echephron: « Et si par cas jamais n'en retournez? Car le voyage est long et pereilleux.
N'est ce mieulx que dès maintenant nous repousons, sans nous mettre en ces hazars?

— O! dist Spadassin, par Dieu! voicy un bon resveux! Mais allons nous cacher au coing de la cheminée, et là passons avec les dames nostre vie et nostre temps à enfiller des perles, ou à filler comme Sardanapalus! Qui ne se adventure n'a cheval ny mule, ce dist Salomon. — Qui trop (dist Echephron) se adventure, perd cheval et mule, respondit Malcon. — Baste, dist Picrochole, passons oultre. Je ne crains que ces diables de legions de Grandgousier; ce pendent que nous sommes en Mesopotamie, s'ilz nous donnoient sus la queue, quel remede? — Très bon, dist Merdaille: une belle petite commission, laquelle vous envoirez ès Moscovites, vous mettra en camp pour un moment quatre cens cinquante mille combatans d'eslite. O! si vous me y faictes vostre lieutenant, je tueroys un pigne pour un mercier! Je mors, je rue, je frappe, je attrape, je tue, je renye. — Sus! sus! dict Picrochole, qu'on despesche tout, et qui me ayme si me suyve! »

Sus! sus! je mors, je rue, je frappe, je attrape, je tue!

Chapitre XXXIV

Comment Gargantua laissa la ville de Paris pour secourir son païs, et comment Gymnaste rencontra les ennemys

Le capitaine Tripet.

En ceste mesmes heure, Gargantua, qui estoyt yssu de Paris soubdain les lettres de son pere leues, sus sa grand jument venant, avoit jà passé le pont de la Nonnain, luy, Ponocrates, Gymnaste et Eudemon, lesquelz, pour le suivre, avoient prins chevaulx de poste ; le reste de son train venoit à justes journées, amenent tous ses livres et instrument philosophicque. Luy arrivé à Parillé, fut adverty par le mestayer de Gouguet comment Picrochole s'estoit remparé à la Roche-Clermauld, et avoit envoyé le capitaine Tripet avec grosse armée assaillir le boys de Vede et Vaugaudry, et qu'ilz avoient couru la poulle jusques au pressouer Billard, et que c'estoit chose estrange et difficile à croyre des excès qu'ilz faisoient par le pays. Tant qu'il luy feist paour, et ne sçavoit bien que dire ny que faire. Mais Ponocrates luy conseilla qu'ilz se transportassent vers le seigneur de la Vauguyon, qui de tout temps avoit esté leur amy et confederé, et par luy seroient mieulx advisez de tous affaires ; ce qu'ilz feirent incontinent, et le trouverent en bonne deliberation de leur secourir, et feut de opinion que il envoyroit quelq'un de ses gens pour descouvrir le pays et sçavoir en quel estat estoient les ennemys, affin de y proceder par conseil prins selon la forme de l'heure presente. Gymnaste se offrit d'y aller ; mais il feut conclud que pour le meilleur il menast avecques soy quelq'un qui congneust les voyes et destorses et les rivieres de l'entour.

Adoncques partirent luy et Prelinguand, escuyer de Vauguyon, et sans effroy espierent de tous coustez. Ce pendant Gargantua se refraischit et repeut quelque peu avecques ses gens, et feist donner à sa jument un picotin d'avoyne, c'estoient soisante et quatorze muys troys boisseaux. Gymnaste et son compaignon tant chevaucherent qu'ilz rencontrerent les ennemys tous espars et mal en ordre, pillans et desrobans tout ce qu'ilz povoient ; et tant de loing qu'ilz l'aperceurent accoururent sus luy à la foulle pour le destrousser. Adonc il leurs cria : « Messieurs, je suys pauvre diable ; je vous requiers qu'ayez de moy mercy. J'ay encores quelque escu ; nous le boyrons, car c'est *aurum potabile*, et ce cheval icy sera vendu pour payer ma bien venue ; cela faict, retenez moy des vostres : car jamais homme ne sceut mieulx prendre, larder, roustir et aprester, voyre, par Dieu ! demembrer et gourmander poulle que moy qui suys icy, et pour mon *proficiat* je boy à tous bons compaignons. »

Lors descouvrit sa ferriere, et sans mettre le nez dedans beuvoyt assez honnestement. Les maroufles le regardoient, ouvrans la gueule d'un grand pied, et tirans les
langues comme levriers, en attente de boire aprés; mais Tripet le capitaine sus ce point
accourut veoir que c'estoit. A luy Gymnaste offrit sa bouteille, disant : « Tenez, capitaine,
beuvez en hardiment, j'en ay faict l'essay; c'est vin de la Faye Moniau.

— Quoy! dist Tripet, ce Gautier icy se guabele de nous! Qui es tu? — Je suis (dist
Gymnaste) pauvre diable. — Ha! dist Tripet, puisque tu es pauvre diable, c'est raison
que passes oultre, car tout pauvre diable passe par tout sans peage ny gabelle; mais
ce n'est de coustume que pauvres diables soient si bien monstez : pourtant, Monsieur
le diable, descendez, que je aye le roussin; et si bien il ne me porte, vous, maistre
diable, me porterez : car j'aime fort qu'un diable tel m'emporte. »

En ceste mesmes heure Gargantua estoyt yssu de Paris.

Ce faict, Gymnaste mist le poulce
de la dextre sus l'arçon de la selle.

Chapitre XXXV

Comment Gymnaste soupplement tua le Capitaine Tripet et aultres gens de Picrochole

Ces motz entenduz, aulcuns d'entre eulx commencerent avoir frayeur, et se seignoient de toutes mains, pensans que ce feust un diable desguisé. Et quelq'un d'eulx, nommé Bon Joan, capitaine des Franctopins, tyra ses heures de sa braguette, et cria assez hault : « *Hagios ho theos!* Si tu es de Dieu, sy parle; sy tu es de l'aultre, sy t'en va. » Et pas ne s'en alloit; ce que entendirent plusieurs de la bande, et departoient de la compaignie, le tout notant et considerant Gymnaste. Pourtant feist semblant descendre de cheval, et, quand feut pendent du cousté du montouer, feist soupplement le tour de l'estriviere, son espée bastarde au cousté, et, par dessoubz passé, se lança en l'air et se tint des deux piedz sus la selle, le cul tourné vers la teste du cheval. Puis dist : « Mon cas va au rebours. » Adoncq, en tel poinct qu'il estoit, feist la guambade sus un pied, et, tournant à senestre, ne faillit oncq de rencontrer sa propre assiete sans en rien varier.

Dont dist Tripet : « Ha! ne feray pas cestuy là pour ceste heure, et pour cause. — Bren,
dist Gymnaste, j'ay failly ; je voys defaire cestuy sault. » Lors par grande force et agi-
lité feist en tournant à dextre la gambade comme davant. Ce faict, mist le poulce
de la dextre sus l'arçon de la selle, et leva tout le corps en l'air, se soustenant tout le
corps sus le muscle et nerf dudict poulce, et ainsi se tourna troys foys ; à la quatriesme,
se renversant tout le corps sans à rien toucher, se guinda entre les deux aureilles du
cheval, soudant tout le corps en l'air sus le poulce de la senestre, et en cest estat feist
le tour du moulinet ; puis, frappant du plat de la main dextre sus le meillieu de la selle,
se donna tel branle qu'il se assist sus la crope, comme font les damoiselles. Ce faict, tout
à l'aise passe la jambe droicte par sus la selle, et se mist en estat de chevaucheur sus
la croppe. « Mais dist-il mieulx vault que je me mette entre les arsons. » Adoncq, se
appoyant sus les poulces des deux mains à la croppe davant soy, se renversa cul

Il luy tailla d'un coup l'estomac, le colon et la moytié du foye.

sus teste en l'air, et se trouva entre les arsons en bon maintien ; puis d'un sobresault
leva tout le corps en l'air, et ainsi se tint piedz joinctz entre les arsons, et là tournoya
plus de cent tours, les bras estenduz en croix, et crioit ce faisant à haulte voix : « J'enrage, diables, j'enrage, j'enrage ; tenez moy, diables, tenez moi, tenez! » Tandis qu'ainsi
voltigeoit, les marroufles en grand esbahissement disoient l'ung à l'aultre : « Par la mer
Dé! c'est un lutin, ou un diable ainsi desguisé : *ab hoste maligno libera nos, Domine.* »
Et fuyoient à la route, regardans darriere soy comme un chien qui emporte un plumail.
Lors Gymnaste, voyant son advantaige, descend de cheval, desguaigne son espée, et à
grands coups chargea sus les plus huppés, et les ruoit à grands monceaulx blessez,
navrez et meurtriz, sans que nul luy resistast, pensans que ce feust un diable affamé,
tant par les merveilleux voltigemens qu'il avoit faict que par les propos que luy avoit

tenu Tripet, en l'appellant pauvre diable, si non que Tripet en trahison luy voulut fendre la cervelle de son espée lansquenette; mais il estoit bien armé, et de cestuy coup ne sentit que le chargement. Et soubdain, se tournant, lancea un estoc volant audict Tripet, et, ce pendent que icelluy se couvroit en hault, luy tailla d'un coup l'estomac, le colon et la moytié du foye, dont tumba par terre, et tumbant rendit plus de quatre potées de souppes, et l'ame meslée parmy les souppes. Ce faict, Gymnaste se retyre, considerant que les cas de hazart jamais ne fault poursuivre jusques à leur periode, et qu'il convient à tous chevaliers reverentement traicter leur bonne fortune, sans la molester ny gehainer. Et, monstant sus son cheval, luy donne des esperons, tyrant droict son chemin vers la Vauguyon, et Prelinguand avecques luy.

Le chasteau de Vede.

Chapitre XXXVI

Comment Gargantua demollit le chasteau du Gué de Vede, et comment ilz passerent le gué

Venu que fut, raconta l'estat onquel avoit trouvé les ennemys, et du stratageme qu'il avoit faict, luy seul, contre toute leur caterve, afferment que ilz n'estoient que maraulx, pilleurs et brigans, ignorans de toute discipline militaire, et que hardiment ilz se missent en voye, car il leurs seroit trèsfacile de les assommer comme bestes.

Adoncques monta Gargantua sus sa grande jument, accompaigné comme davant avons dict. Et, trouvant en son chemin un hault et grand arbre (lequel communement on nommoit l'Arbre de Sainct Martin, pource qu'ainsi estoit creu un bourdon que jadis Sainct Martin y planta) dist: « Voicy ce qu'il me failloit. Cest

A grans coups abastit et tours et forteresses.

arbre me servira de bourdon et de lance. » Et l'arrachit facillement de terre, et en
ousta les rameaux, et le para pour son plaisir. Ce pendent sa jument pissa pour
se lascher le ventre ; mais ce fut en telle abondance qu'elle en feist sept lieus
de deluge, et deriva tout le pissat au gué de Vede, et tant l'enfla devers le fil
de l'eau que toute ceste bande des ennemys furent en grand horreur noyez,
exceptez aulcuns qui avoient prins le chemin vers les consteaux à gausche.
Gargantua, venu à l'endroict du boys de Vede, feut advisé par Eudemon que dedans
le chasteau estoit quelque reste des ennemys, pour laquelle chose sçavoir Gargantua
s'escria tant qu'il peut : « Estez vous là, ou n'y estez pas ? Si vous y estez, n'y
soyez plus ; si n'y estez, je n'ay que dire. » Mais un ribauld canonier, qui estoit au
machicoulys, luy tyra un coup de canon, et le attainct par la temple dextre furieusement ; toutesfoys ne lui feist pour ce mal en plus que s'il luy eust getté une prune.
« Qu'est ce là ? dit Gargantua. Nous gettez vous icy des grains de raisins ? La vendange
vous coustera cher ; » pensant de vray que le boulet feust un grain de raisin. Ceulx qui
estoient dedans le chasteau amuzez à la pille, entendant le bruit, coururent aux tours
et forteresses, et luy tirerent plus de neuf mille vingt et cinq coups de faulconneaux et
arquebouzes, visans tous à sa teste, et si menu tiroient contre luy qu'il s'escria : « Ponocrates mon amy, ces mousches icy me aveuglent ; baillez moy quelque rameau de ces
saulles pour les chasser, » pensant des plombées et pierres d'artillerie que feussent
mousches bovines. Ponocrates l'advisa que n'estoient aultres mousches que les coups
d'artillerye que l'on tiroit du chasteau. Alors chocqua de son grand arbre contre le
chasteau, et à grans coups abastit et tours et forteresses, et ruyna tout par terre. Par
ce moyen feurent tous rompuz et mis en pieces ceulx qui estoient en icelluy. De là partans, arriverent au pont du moulin, et trouverent tout le gué couvert de corps mors, en
telle foulle qu'ilz avoient engurgé le cours du moulin : et c'estoient ceulx qui estoient
peritz au deluge urinal de la jument. Là feurent en pensement comment ilz pourroient
passer, veu l'empeschement de ces cadavres. Mais Gymnaste dist : « Si les diables y
ont passé, je y passeray fort bien. — Les diables (dist Eudemon) y ont passé pour emporter les ames damnées. — Sainct Treignan ! (dist Ponocrates) par doncques conse-
quence necessaire il y passera. — Voyre, voyre, dist Gymnaste, ou je demoureray en
chemin. » Et, donnant des esperons à son cheval, passa franchement oultre, sans que
jamais son cheval eust frayeur des corps mors : car il l'avoit acoustumé (selon la
doctrine de Ælian) à ne craindre les armes ny corps mors : non en tuant les gens,
comme Diomedes tuoyt les Traces, et Ulysses mettoit les corps de ses ennemys ès pieds
de ses chevaulx, ainsi que raconte Homere, mais en luy mettant un phantosme parmy
son foin et le faisant ordinairement passer sus icelluy quand il luy bailloit son avoyne.
Les troys aultres le suyvirent sans faillir, excepté Eudemon, duquel le cheval enfonça
le pied droict jusques au genoil dedans la pance d'un gros et gras villain qui estoit
là noyé à l'envers, et ne le povoit tirer hors ; ainsi demouroit empestré, jusques à ce
que Gargantua du bout de son baston enfondra le reste des tripes du villain en l'eau,

ce pendent que le cheval levoit le pied. Et (qui est chose merveilleuse en hippiatrie) feut ledict cheval guery d'un surot qu'il avoit en celluy pied par l'atouchement des boyaux de ce gros marroufle.

Mais un ribauld canonier, qui estoit au machicoulys, luy tyra un coup de canon.

Comment Gargantua soy peignant faisoit tomber de ses cheveulx les boulletz d'artillerye

Issuz la rive de Vede, peu de temps après aborderent au chasteau de Grandgouzier, qui les attendoit en grand desir. A sa venue ilz le festoyerent à tour de bras; jamais on ne veit gens plus joyeulx: car *Supplementum supplementi chronicorum* dict que Gargamelle y mourut de joye; je n'en sçay rien de ma part, et bien peu me soucie ny d'elle ny d'aultre. La verité fut que Gargantua, se refraischissant d'habillemens et se testonnant de son pigne (qui estoit grand de cent cannes, appoincté de grandes dents de elephans toutes entieres), faisoit tomber à chascun coup plus de sept balles de boulletz qui luy estoient demourez entre ses cheveulx à la demolition du boys de Vede. Ce que voyant Grandgousier, son pere, pensoit que feussent poulx, et luy dist: « Dea, mon bon filz, nous as tu aporté jusques icy des esparviers de Montagu? Je n'entendoys que là tu feisse residence. » Adonc Ponocrates respondit: « Seigneur, ne pensez que je l'aye mis au colliege de pouillerie qu'on nomme Montagu; mieulx le eusse voulu mettre entre les guenaulx de Sainct Innocent, pour l'enorme cruaulté et villennie que je y ay congneu: car trop mieulx sont traictez les forcez entre les Maures et Tartares, les meurtriers en la prison criminelle, voire certes les chiens en vostre maison, que ne sont ces malautruz audict colliege. Et si j'estoys roy de Paris, le diable m'emport si je ne metoys le feu dedans et faysoys brusler et principal et regens, qui endurent ceste inhumanité davant leurs yeulx estre exercée. »

Lors, levant un de ces boulletz, dist: « Ce sont coups de canon que n'a guyeres a receu vostre filz Gargantua passant davant le boys de Vede, par trahison de vos ennemys. Mais ilz en eurent telle recompense qu'ilz sont tous periz en la ruine du chasteau, comme les Philistins par l'engin de Sanson, et ceulx que opprima la tour de

Il faisoit tomber à chascun coup plus de sept balles de boulletz.

Feurent roustiz plus de troys cens gourretz de laict.

Siloé, desquelz est escript, Luc, xiij. Iceulx je suis d'avis que nous poursuyvons, ce pendent que l'heur est pour nous : car l'occasion a tous ses cheveulx au front ; quand elle est oultre passée, vous ne la povez plus revocquer ; elle est chauve par le darriere de la teste, et jamais plus ne retourne.

— Vrayment, dist Grandgousier, ce ne sera pas à ceste heure, car je veulx vous festoyer pour ce soir, et soyez les tresbien venuz. »

Ce dict, on apresta le soupper, et de surcroist feurent roustiz seze beufz, troys genisses, trente et deux veaux, soixante et troys chevreaulx moissonniers, quatre vingt quinze moutons, troys cens gourretz de laict à beau moust, unze vingt perdrys, sept cens becasses, quatre cens chappons de Loudunois et Cornouaille, six mille poulletz et autant de pigeons, six cens gualinottes, quatorze cens levraux, troys cens et troys hostardes et mille sept cens hutaudeaulx.

De venaison l'on ne peut tant soubdain recouvrir, fors unze sangliers qu'envoya l'abbé de Turpenay, et dix et huict bestes fauves que donna le seigneur de Grandmont ; ensemble sept vingt faisans qu'envoya le seigneur des Essars, et quelques douzaines de ramiers, de oiseaulx de riviere, de cercelles, buours, courles, pluviers, francolys, cravans, tyransons, vanereaux, tadournes, pochecullieres, pouacres, hegronneaux, foulques, aigrettes, ciguoingnes, cannes petieres oranges, flammans (qui sont phœnicopteres) terrigoles, poulles de Inde, force coscossons et renfort de potages. Sans poinct de faulte y estoit de vivres abondance, et feurent aprestez honnestement par Fripesaulce, Hoschepot et Pilleverjus, cuisiniers de Grandgousier. Janot, Micquel et Verrenet appresterent fort bien à boyre.

Fripesaulce.

Six pelerins qui venoient de Sainct Sebastien.

Chapitre XXXVIII

Comment Gargantua mangea en sallade six pelerins

Le propos requiert que racontons ce qu'advint à six pelerins qui venoient de Sainct Sebastien, près de Nantes, et pour soy herberger celle nuit, de peur des ennemys, s'estoient mussez au jardin dessus les poyzars, entre les choulx et lectues. Gargantua se trouva quelque peu alteré, et demanda si l'on pourroit trouver de lectues pour faire sallade. Et entendent qu'il y en avoit des plus belles et grandes du pays, car elles estoient grandes comme pruniers ou noyers, y voulut aller luy mesmes, et en emporta en sa main ce que bon luy sembla, ensemble emporta les six pelerins, lesquelz avoient si grand paour qu'ilz ne ausoient ny parler ny tousser.

Les lavant doncques premierement en la fontaine, les pelerins disoient en voix basse l'un à l'aultre : « Qu'est il de faire ? Nous noyons icy entre ces lectues. Parlerons-nous ? mais si nous parlons, il nous tuera comme espies. » Et comme ilz deliberoient ainsi, Gargantua les mist avecques ses lectues dedans un plat de la maison, grand comme la tonne de Cisteaulx, et avecques huille, et vinaigre et sel, les mangeoit pour soy refraischir davant souper, et avoit jà engoullé cinq des pelerins ; le sixiesme estoit dedans le plat, caché soubz une lectue, excepté son bourdon qui apparoissoit au dessus.

Lequel voyant Grandgousier, dist à Gargantua : « Je croy que c'est là une corne de limasson ; ne le mangez poinct.

-- Pour quoy ? dist Gargantua ; ils sont bons tout ce moys. » En tirant le bourdon, ensemble enleva le pelerin et le mangeoit trèsbien. Puis beut un horrible traict de vin pineau, et attendirent que l'on apprestast le soupper. Les pelerins ainsi devorez se tirerent hors les meulles de ses dents le mieulx que faire peurent, et pensoient qu'on les eust mys en quelque basse fousse des prisons. Et lors que Gargantua beut le grand traict, cuiderent noyer en sa bouche, et le torrent du vin presque les emporta au gouffre de son estomach ; toutesfoys, saultans avec leurs bourdons, comme font les micquelotz, se mirent en franchise l'orée des dentz. Mais par malheur l'un d'eux, tastant avecques son bourdon le pays, à sçavoir s'ilz estoient en seureté, frappa rudement en la faulte d'une dent creuze, et ferut le nerf de la mandibule, dont feist trèsforte douleur à Gargantua, et commença crier de raige qu'il enduroit. Pour doncques se soulaiger du mal, feist apporter son curedentz, et sortant vers le noyer grollier, vous denigea messieurs les pelerins.

Car il arrapoit l'un par les jambes, l'aultre par les espaules, l'aultre par la bezace, l'aultre par la foillouze, l'aultre par l'escharpe ; et le pauvre haire qui l'avoit feru du bourdon, le accrochea par la braguette ; toutesfoys ce luy fut un grand heur, car il luy perçea une bosse chrancreuze qui le martyrisoit depuis le temps qu'ilz eurent passé Ancenys.

Ainsi les pelerins denigez s'en fuyrent à travers la plante à beau trot, et appaisa la douleur. En laquelle heure feut appelé par Eudemon pour soupper, car tout estoit prest. « Je m'en voys doncques (dit il) pisser mon malheur. » Lors pissa si copieusement, que l'urine trancha le chemin aux pelerins, et furent contrainctz passer la grande boyre. Passans de là par l'orée de la touche, en plain chemin tomberent tous, excepté Fournillier, en une trape qu'on avoit faicte pour prandre les loups à la trainnée. Dont eschapperent moyennant l'industrie dudict Fournillier, qui rompit tous les lacz et cordages. De là issus, pour le reste de celle nuyct coucherent en une loge près le Couldray.

Et là feurent reconfortez de leur malheur par les bonnes paroles d'un de leur compaignie nommé Lasd'aller, lequel leur remonstra que ceste adventure avoit esté predicte par David, Psal..... « *Cum exurgerent homines in nos, forte vivos deglutissent nos*, quand nous feusmes mangez en salade au grain du sel. *Cum irasceretur furor eorum in nos, forsitan aqua absorbuisset nos*, quand il beut le grand traict. *Torrentem pertransivit anima nostra*, quand nous passames la grande boyre. *Forsitan pertransisset anima nostra aquam intolerabilem*, de son urine, dont il nous tailla le chemin. *Benedictus Dominus qui non dedit nos in captionem dentibus eorum. Anima nostra, sicut passer, erepta est de laqueo venantium*, quand nous tumbasmes en la trape. *Laqueus contritus est*, par Fournillier, *et nos liberati sumus. Adjutorium nostrum, etc.* »

Chapitre XXXIX

Comment le moyne feut festoyé par Gargantua, et des beaulx propos qu'il tint en souppant

L'ecuyer Gymnaste.

Quand Gargantua feut à table, et la premiere poincte des morceaux feut bauffrée, Grandgousier commença raconter la source et la cause de la guerre meue entre luy et Picrochole, et vint au poinct de narrer comment frere Jean des Entommeures avoit triumphé à la defence du clous de l'Abbaye, et le loua au dessus des prouesses de Camille, Scipion, Pompée, Cesar et Themistocles. Adoncques requist Gargantua que sus l'heure feust envoyé querir, affin qu'avecques luy on consultast de ce qu'estoit à faire. Par leur vouloir l'alla querir son maistre d'hostel, et l'admena joyeusement avecques son baston de croix sus la mulle de Grandgousier. Quand il feut venu, mille charesses, mille embrassemens, mille bons jours feurent donnez. « Hés ! frere Jean mon amy, frere Jean mon grand cousin, frere Jean de par le diable, l'acolée, mon amy ! — A moy la brassée ! — Cza, couillon, que je te esrene de force de t'acoller. » Et frere Jean de rigoller ! Jamais homme ne feut tant courtoys ny gracieux. « Cza, cza, dist Gargantua, une escabelle icy auprès de moy, à ce bout. — Je le veulx bien (dist le moyne) puis qu'ainsi vous plaist. Page, de l'eau ! Boute, mon enfant, boute ; elle me refraischira le faye. Baille icy que je guargarise. — *Deposita cappa !* dist Gymnaste : oustons ce froc ! — Ho ! par Dieu ! dist le moyne, mon gentil homme, il y a un chapitre *in Statutis Ordinis* auquel ne plairoit le cas. — Bren (dist Gymnaste), bren pour votre chapitre ! Ce froc vous romp les deux espaules : mettez bas. — Mon amy, dist le moyne, laisse le moy : car, par Dieu ! je n'en boy que mieulx. Il me faict le corps tout joyeux. Si je le laisse, messieurs les pages en feront des jarretieres, comme il me feut faict une foys à Coulaines. Davantaige, je n'auray nul appetit ; mais si en cest habit je m'assys à table, je boiray, par Dieu ! et à toy et à ton cheval, et de hayt. Dieu guard de mal la compaignie. Je avoys souppé, mais pour ce ne mangeray je poinct moins, car j'ay un estomac pavé,

creux comme la botte sainct Benoist, tousjours ouvert comme la gibbessiere d'un advocat. De tous poissons, fors que la tenche, prenez l'aesle de la perdrys, ou la cuisse d'une
Nonnain : n'est ce falotement mourir quand on meurt le caiche roidde? Nostre prieur
ayme fort le blanc de chappon. — En cela (dist Gymnaste) il ne semble point aux renars,
car des chappons, poules, pouletz qu'ilz prennent, jamais ne mangent le blanc. — Pourquoy (dist le moyne)? — Parce (respondit Gymnaste) qu'ilz n'ont poinct de cuisiniers à
les cuyre. Et s'ilz ne sont competentement cuitz, ilz demeurent rouge et non blanc. La
rougeur des viandes est indice qu'elles ne sont assez cuytes, exceptez les gammares et
escrevices, que l'on cardinalize à la cuyte. — Feste Dieu Bayart, dist le moyne, l'enfer-
mier de nostre abbaye n'a doncques la teste bien cuyte, car il a les yeulx rouges comme
un jadeau de vergne. Ceste cuisse de levrault est bonne pour les goutteux.

Les pelerins denigez s'en fuyrent à travers la plante.

» A propos truelle, pourquoy est ce que les cuisses d'une damoizelle sont tousjours
fraisches? — Ce problesme (dist Gargantua) n'est ny en Aristoteles, ny en Alexandre
Aphrodisé, ny en Plutarque. — C'est (dist le moine) pour trois causes par lesquelles un
lieu est naturellement refraischy : *Primo,* pource que l'eau decourt tout du long; *se-
cundo,* pource que c'est un lieu umbrageux, obscur et tenebreux, auquel jamais le soleil
ne luist; et tiercement, pource qu'il est continuellement esventé des ventz du trou de
bize, de chemise, et d'abondant de la braguette. Et dehait! Page, à la humerie! Crac,
crac, crac! Que Dieu est bon, qui nous donne ce bon piot! J'advoue Dieu, si j'eusse
esté au temps de Jesuchrist, j'eusse bien engardé que les Juifz ne l'eussent prins au
jardin de Olivet. Ensemble le diable me faille si j'eusse failly de coupper les jarretz à
messieurs les apostres, qui fuyrent tant laschement après qu'ilz eurent bien souppé, et
laisserent leur bon maistre au besoing! Je hayz plus que poizon un homme qui fuyt
quand il fault jouer des cousteaux. Hon! que je ne suis roy de France pour quatre
vingtz ou cent ans! Par Dieu! je vous metroys en chien courtault les fuyars de Pavie.

Leur fiebvre quartaine! Pourquoy ne mouroient-ilz là plus tost que laisser leur bon prince en ceste necessité? N'est-il meilleur et plus honorable mourir vertueusement bataillant que vivre fuyant villainement? Nous ne mangerons gueres d'oysons ceste année. Ha! mon amy, baille de ce cochon. Diavol! il n'y a plus de moust. *Germinavit radix Jesse* : Je renye ma vie, je meurs de soif. Ce vin n'est des pires. Quel vin beuviez vous à Paris? Je me donne au diable si je n'y tins plus de six moys pour un temps maison ouverte à tous venens. Congnoissez vous frere Claude des Haulx Barrois? O le bon compaignon que c'est! Mais quelle mousche l'a picqué? Il ne faict rien que estudier depuis je ne sçay quand. Je n'estudie poinct, de ma part. En nostre abbaye nous ne estudions jamais, de peur des auripeaux. Nostre feu abbé disoit que c'est chose monstrueuse veoir un moyne sçavant. Par Dieu! Monsieur mon amy, *magis magnos clericos non sunt magis magnos sapientes.* Vous ne veistes oncques tant de lievres comme il y en a ceste année. Je n'ay peu recouvrer ny autour ny tiercelet de lieu du monde. Monsieur de la Bellonniere m'avoit promis un lanier, mais il m'escripvit n'a gueres qu'il estoit devenu patays. Les perdris nous mangeront les aureilles mesouan. Je ne prens poinct de plaisir à la tonnelle, car je y morfonds. Si je ne cours, si je ne tracasse, je ne suis poinct à mon aize. Vray est que, saultant les hayes et buissons, mon froc y laisse du poil. J'ay recouvert un gentil levrier. Je donne au diable si luy eschappe lievre. Un lacquays le menoit à monsieur de Maulevrier : je le destroussay. Feis-je mal?
— Nenny, frere Jean (dist Gymnaste), nenny, de par tous les diables, nenny. — Ainsi, dist le moyne, à ces diables ce pendent qu'ilz durent. Vertus Dieu! qu'en eust faict ce boyteux? Le cor Dieu, il prend plus de plaisir quand on luy faict present d'un bon couble de beufs. — Comment (dit Ponocrates), vous jurez, frere Jean? — Ce n'est (dist le moyne), que pour orner mon languaige. Ce sont couleurs de rethoricque ciceroniane. »

Je n'en boy que mieulx!

Ce est la cause pourquoy de tous sont huez et abhorryz:

Chapitre XL

Pourquoy les moines sont refuis du monde, et pourquoy les ungs ont le nez plus grand que les aultres

« Foy de christian (dist Eudemon), je entre en grande resverie, considerant l'honnesteté de ce moyne, car il nous esbaudist icy tous. Et comment doncques est ce qu'on rechasse les moynes de toutes bonnes compaignies, les appellans trouble-feste, comme abeilles chassent les freslons d'entour leurs rousches ? *Ignavum fucos pecus* (dist Maro) *à præsepibus arcent.* » A quoy respondit Gargantua : « Il n'y a rien si vray, que le froc et la cogule tire à soy les opprobres, injures et maledictions du monde, tout ainsi comme le vent dict Cecias attire les nues. La raison peremptoire est parce qu'ilz mangent la merde du monde, c'est à dire les pechez, et comme machemerdes l'on les rejecte en leurs retraictz, ce sont leurs conventz et abbayes, separez de conversation politicque comme sont les retraictz d'une maison. Mais si entendez pourquoy ung cinge en une famille est tousjours mocqué et herselé, vous entendrez pourquoy les moynes sont de tous refuys, et des vieulx et des jeunes. Le cinge ne garde poinct la maison, comme un chien ; il ne tire pas l'aroy, comme le beuf ; il ne produict ny laict ni laine, comme la brebis ; il ne porte pas le faiz, comme le cheval.

» Ce qu'il faict est tout conchier et degaster, qui est la cause pourquoy de tous repcoyt mocqueries et bastonnades.

» Semblablement, un moyne (j'entends de ces ocieux moynes) ne laboure, comme le paysant ; ne garde le pays, comme l'homme de guerre ; ne guerist les malades, comme le medicin ; ne presche ny endoctrine le monde, comme le bon docteur evangelicque et pedagoge; ne porte les commoditez et choses necessaires à la republicque, comme le marchant. Ce est la cause pourquoy de tous sont huez et abhorryz. — Voyre, mais (dist Grandgousier) ilz prient Dieu pour nous. — Rien moins (respondit Gargantua). Vray est qu'ilz molestent tout leur voisinage à force de trinqueballer leurs cloches.

—(Voyre, dist le moyne, une messe, unes matines, unes vespres bien sonnéez sont à demy dictes). — Ilz marmonnent grand renfort de legendes et pseaulmes nullement par eulx entenduz; ilz content force patenostres entrelardées de longs *Ave Mariaz*, sans y penser ny entendre. Et ce je appelle mocque-Dieu, non oraison. Mais ainsi leurs ayde Dieu s'ilz prient pour nous, et non par paour de perdre leurs miches et souppes grasses. Tous vrays christians, de tous estatz, en tous lieux, en tous temps, prient Dieu, et l'esperit prie et interpelle pour iceulx, et Dieu les prend en grace. Maintenant tel est nostre bon frere Jean. Pourtant chascun le soubhaite en sa compaignie.

» Il n'est point bigot, il n'est poinct dessiré; il est honneste, joyeulx, deliberé, bon compaignon.

» Il travaille, il laboure, il defent les opprimez, il conforte les affligez, il subvient ès souffreteux, il garde les clous de l'abbaye. — Je foys (dist le moyne) bien dadvantaige; car, en despeschant nos matines et anniversaires on cueur, ensemble je foys des chordes d'arbaleste, je polys des matraz et guarrotz, je foys des retz et des poches à prendre les connis. Jamais je ne suis oisif. Mais or çzà, à boyre! à boyre, çzà! Apporte le fruict. Ce sont chastaignes

Une messe, unes matines, unes vespres bien sonnéez sont à demy dictes.

du bois d'Estrocz, avec bon vin nouveau; voy vous là composeur de petz. Vous n'estez encores ceans amoustillez. Par Dieu! je boy à tous guez, comme un cheval de

promoteur. » Gymnaste luy dist : « Frere Jean, oustez ceste rouppie qui vous pend au nez. — Ha, ha! (dist le moyne) serois je en dangier de noyer, veu que suis en l'eau jusques au nez? Non, non. *Quare? Quia*

Elle en sort bien, mais poinct n'y entre,
Car il est bien antidoté de pampre.

» O mon amy! qui auroit bottes d'hyver de tel cuir, hardiment pourroit il pescher aux huytres, car jamais ne prendroient eau. — Pourquoy (dist Gargantua) est ce que frere Jean a si beau nez? — Parce (respondit Grandgousier) que ainsi Dieu l'a voulu, lequel nous faict en telle forme et telle fin, selon son divin arbitre, que faict un potier ses vaisseaulx. — Parce (dist Ponocrates) qu'il feut des premiers à la foyre des nez. Il print des plus beaulx et plus grands. — Trut avant (dist le moyne)! Selon vraye philosophie monasticque, c'est parce que ma nourrice avoit les tetins moletz ; en la laictant, mon nez y enfondroit comme en beurre, et là s'eslevoit et croissoit comme la paste dedans la met.

» Les durs tetins de nourrices font les enfans camuz. Mais guay, guay! *ad formam nasi cognoscitur ad te levavi.* Je ne mange jamais de confitures. Page, à la humerie! Item, rousties! »

Page, à la humerie!

Chapitre XLI

Comment le moyne feist dormir Gargantua, et de ses heures et breviaire

Le souper achevé, consulterent sus l'affaire instant, et feut conclud que environ la minuict ilz sortiroient à l'escarmouche pour sçavoir quel guet et diligence faisoient leurs ennemys ; en ce pendent, qu'ils se reposeroient quelque peu pour estre plus frais. Mais Gargantua ne povoit dormir en quelque façon qu'il se mist. Dont luy dist le moyne : « Je ne dors jamais bien à mon aise sinon quand je suis au sermon ou quand je prie Dieu. Je vous supplye, commençons, vous et moy, les sept pseaulmes, pour veoir si tantost ne serez endormy. »

L'on appresta carbonnades à force, et belles souppes de prime.

L'invention pleust tresbien à Gargantua.

Et commenceant le premier pseaulme, sus le poinct de *Beati quorum* s'endormirent et l'un et l'aultre. Mais le moyne ne faillit oncques à s'esveiller avant la minuict, tant il estoit habitué à l'heure des matines claustralles. Luy esveillé, tous les aultres esveilla, chantant à pleine voix la chanson :

« Ho ! Regnault, resveille-toy, veille ;
O Regnault ! resveille-toy. »

Quand tous furent esveillez, il dict : « Messieurs, l'on dict que matines commencent par tousser, et souper par boyre. Faisons à rebours, commençons maintenant noz matines par boyre, et de soir, à l'entrée de souper, nous tousserons à qui mieulx mieulx. »

Dont dist Gargantua : « Boyre si tost après le dormir, ce n'est vescu en diete de medicine. Il se fault premier escurer l'estomach des superfluitez et excremens.

— C'est, dist le moyne, bien mediciné !

« Cent diables me saultent au corps s'il n'y a plus de vieulx hyvrognes qu'il n'y a de vieulx medicins ! J'ay composé avecques mon appetit en telle paction, que tousjours il se couche avecques moy, et à cela je donne bon ordre le jour durant : aussi avecques moy il se lieve. Rendez tant que vouldrez voz cures, je m'en voys après mon tyrouer. — Quel tyrouer (dist Gargantua) entendez vous ? — Mon breviaire, dist le moyne : car tout ainsi que les faulconniers, davant que paistre leurs oiseaux, les font tyrer quelque pied de poulle pour leurs purger le cerveau des phlegmes et pour les mettre en appetit, ainsi, prenant ce joyeux petit breviaire au matin, je m'escure tout le poulmon, et voy me là prest à boyre.

— A quel usaige (dist Gargantua) dictez vous ces belles heures ? — A l'usaige (dist le moyne) de Fecan, à troys pseaulmes et troys leçons, ou rien du tout qui ne veult. Jamais je ne me assubjectis à heures : les heures sont faictez pour l'homme, et non

Commençons, vous et moy, les sept pseaulmes, pour veoir si tantost ne serez endormy.

l'homme pour les heures. Pourtant je foys des miennes à guise d'estrivieres, je les acourcis ou allonge quand bon me semble.

Brevis oratio penetrat cœlos,
Longa potatio evacuat scyphos.

» Où est escript cela ? — Par ma foy, dist Ponocrates, je ne sçay, mon petit couillaust; mais tu vaulx trop. — En cela (dist le moyne) je vous ressemble. Mais *venite apotemus.* » L'on appresta carbonnades à force, et belles souppes de primes, et beut le moyne à son plaisir.

Aulcuns lui tindrent compaignie, les aultres s'en deporterent. Après, chascun commença soy armer et accoustrer. Et armerent le moyne contre son vouloir, car il ne vouloit aultres armes que son froc davant son estomach, et le baston de la croix en son poing. Toutesfoys, à leur plaisir feut armé de pied en cap et monté sus un bon coursier du royaume, et un gros braquemart au cousté. Ensemble Gargantua, Ponocrates, Gymnaste, Eudemon et vingt et cinq des plus adventureux de la maison de Grandgousier, tous armez à l'advantaige, la lance au poing, montez comme sainct George, chascun ayant un harquebouzier en crope.

Or s'en vont les nobles champions à leur adventure.

Chapitre XLII

Comment le moyne donne couraige à ses compaignons, et comment il pendit à une arbre

Par ce moyen demoura le moyne pendent au noyer.

Or s'en vont les nobles champions à leur adventure, bien deliberez d'entendre quelle rencontre fauldra poursuyvre, et de quoy se fauldra controgarder quand viendra la journée de la grande et horrible bataille. Et le moyne leur donne couraige, disant : « Enfans, n'ayez ny paour ny doubte, je vous conduiray seurement. Dieu et sainct Benoist soyent avecques nous ! Si j'avoys la force de mesmes le couraige, par la mort bieu ! je vous les plumeroys comme un canart. Je ne crains rien fors l'artillerie. Toutesfoys, je sçay quelque oraison que m'a baillé le soubsecretain de nostre abbaye, laquelle guarentist la personne de toutes bouches à feu. Mais elle ne me profitera de rien, car je n'y adjouste poinct de foy. Toutesfoys, mon baston de croix fera diables. Par Dieu ! qui fera la cane de vous aultres, je me donne au diable si je ne le fays moyne en mon lieu et l'enchevestre de mon froc : il porte medicine à couhardise de gens. Avez point ouy parler du levrier de monsieur de Meurles, qui ne valloit rien pour les champs ? Il luy mist un froc au col : par le corps Dieu ! il n'echappoit ny lievre ny regnard devant luy, et, que plus est, couvrit toutes les chiennes du pays, qui auparavant estoit esrené, *et de frigidis et maleficiatis.* » Le moyne, disant ces parolles en cholere, passa soubz un noyer, tyrant vers la saullaye, et embrocha la visiere de son heaulme à la roupte d'une grosse branche du noyer. Ce nonobstant donna fierement des esperons à son cheval, lequel estoit chastouilleur à la poincte, en maniere que le cheval bondit en avant, et le moyne, voulant deffaire sa visiere du croc, lasche la bride, et de la main se pend aux branches, ce pendent que le cheval se desrobe dessoubz luy.

Par ce moyen demoura le moyne pendent au noyer, et criant à l'aide et au meurtre, protestant aussi de trahison. Eudemon premier l'aperceut, et appellant Gargantua : « Syre, venez et voyez Absalon pendu. » Gargantua venu, considera la contenence du moyne et la forme dont il pendoit, et dist à Eudemon : « Vous avez mal rencontré, le comparant à Absalon, car Absalon se pendit par les cheveux ; mais le moyne, ras de teste, s'est pendu par les aureilles. — Aidez moy (dist le moyne), de par le diable ! N'est il pas bien le temps de jazer ? Vous me semblez les prescheurs decretalistes, qui disent que quiconques voira son prochain en danger de mort, il le doibt, sus peine d'excommunication trisulce, plustout admonnester de soy confesser et mettre en estat de grace que de luy ayder.

» Quand doncques je les voiray tombez en la riviere et prestz d'estre noyez, en lieu de les aller querir et bailler la main, je leur feray un beau et long sermon *de contemptu mundi et fuga sœculi;* et lorsqu'ilz seront roides mors, je les iray pescher. — Ne bouge (dist Gymnaste), mon mignon, je te voys querir, car tu es gentil petit monachus.

Monachus in claustro
Non valet ova duo :
Sed quando est extra,
Bene valet triginta.

» J'ay veu des pendus plus de cinq cens, mais je n'en veis oncques qui eust meilleure grace en pendillant, et, si je l'avoys aussi bonne, je vouldroys ainsi pendre toute ma vye. — Aurez vous (dist le moyne) tantost assez presché ? Aidez moy de par Dieu, puisque de par l'aultre ne voulez. Par l'habit que je porte ! vous en repentirez, *tempore et loco præ-libatis.* » Alors descendit Gymnaste de son cheval, et, montant au noyer, souleva le moyne par les goussetz d'une main, et de l'autre deffist sa visiere du croc de l'arbre, et ainsi le laissa tumber en terre et soy après. Descendu que feut le moyne, se deffist de tout son arnoys, et getta l'une piece après l'autre parmy le champ, et, reprenant son baston de la croix, remonta sus son cheval, lequel Eudemon avoit retenu à la fuite. Ainsi s'en vont joyeusement tenans le chemin de la saullaye.

L'escharmouche de Picrochole.

Chapitre XLIII

Comment l'escharmouche de Picrochole fut rencontré par Gargantua, et comment le moyne tua le capitaine Tyravant, et puis fut prisonnier entre les ennemis

Picrochole, à la relation de ceulx qui avoient evadé à la roupte lors que Tripet fut estripé, feut esprins de grand courroux, ouyant que les diables avoient couru suz ses gens, et tint son conseil toute la nuict, auquel Hastiveau et Toucquedillon conclurent que sa puissance estoit telle qu'il pourroit defaire tous les diables d'enfer s'ilz y venoient. Ce que Picrochole ne croyoit du tout : aussy ne s'en deffioit il.

Pourtant envoya soubz la conduicte du conte Tiravant, pour descouvrir le pays, seize cens chevaliers, tous montez sus chevaulx legiers, en escarmousche, tous bien aspergez d'eau beniste, et chascun ayant pour leur signe une estoile en escharpe, à toutes adventures, s'ilz rencontroient les diables, que par vertuz tant de ceste eau gringorienne que des estoiles, yceulx feissent disparoir et esvanouyr. Coururent doncques

jusques près la Vauguyon et la Maladerye, mais oncques ne trouverent personne à qui
parler, dont repasserent par le dessus, et en la loge et tugure pastoral, près le Couldray,
trouverent les cinq pelerins, lesquelz liez et baffouez emmenerent comme s'ilz feussent
espies, nonobstant les exclamations, adjurations et requestes qu'ilz feissent. Descendus
de là vers Seuillé, furent entenduz par Gargantua, lequel dist à ses gens : « Compaignons, il y a icy rencontre, et sont en nombre trop plus dix fois que nous. Chocquerons
nous sus eulx ? — Que diable (dist le moyne) ferons nous doncq ? Estimez vous les
hommes par nombre, et non par vertus et hardiesse ? » Puis s'écria . « Chocquons,
diables, chocquons. » Ce que entendens les ennemys, pensoient certainement que
feussent vrays diables, dont commencerent fuyr à bride avallée, excepté Tyravant,
lequel coucha sa lance en l'arrest, et en ferut à toute oultrance le moyne au milieu de la
poictrine ; mais, rencontrant le froc horrifique, rebouscha par le fer, comme si vous
frappiez d'une petite bougie contre une enclume. Adoncq le moyne avec son baston de
croix luy donna entre col et collet sus l'os acromion si rudement qu'il l'estonna et feit
perdre tout sens et movement, et tomba ès piedz du cheval.

Et voyant l'estolle qu'il portoit en escharpe, dist à Gargantua : « Ceulx-cy ne sont que
prebstres, ce n'est qu'un commencement de moyne. Par sainct Jean ! je suis moyne par-
fait ; je vous en tueray comme de mousches. » Puis le grand gualot courut après, tant
qu'il atrapa les derniers, et les abbastoit comme seille, frappant à tors et à travers.
Gymnaste interrogua sus l'heure Gargantua s'ilz les debvoient poursuyvre. A quoy dist
Gargantua : « Nullement, car, selon vraye discipline militaire, jamais ne fault mettre son
ennemy en lieu de desespoir, parce que telle necessité luy multiplie sa force et accroist le
couraige, qui jà estoit deject et failly ; et n'y a meilleur remede de salut à gens estommiz
et recreuz que de ne esperer salut aulcun. Quantes victoires ont esté tollues des mains des
vaincqueurs par les vaincus, quand ilz ne se sont contentez de raison, mais ont attempté
du tout mettre à internion et destruire totallement leurs ennemys, sans en vouloir
laisser un seul pour en porter les nouvelles ! Ouvrez tousjours à voz ennemys toutes les
portes et chemins, et plustost leurs faictes un pont d'argent affin de les renvoyer. —
Voyre, mais (dist Gymnaste) ilz ont le moyne. — Ont ilz (dist Gargantua) le moyne ? Sus
mon honneur, que ce sera à leur dommaige. Mais, affin de survenir à tous azars, ne
nous retirons pas encores ; attendons icy en silence, car je pense jà assez congnoistre
l'engin de noz ennemys : ilz se guident par sort, non par conseil. » Iceulx ainsi attendens
soubz les noiers, ce pendent le moyne poursuyvoit, chocquant tous ceulx qu'il rencontroit, sans de nully avoir mercy, jusque à ce qu'il rencontra un chevalier qui portoit en
crope un des pauvres pelerins. Et là, le voulent mettre à sac, s'escria le pelerin : « Ha !
Monsieur le priour, mon amy, Monsieur le priour, sauvez moy, je vous en prie. » Laquelle parolle entendue, se retournerent arriere les ennemys, et voyans que là n'estoit
que le moyne, qui faisoit cest esclandre, le chargerent de coups comme on faict un asne
de boys ; mais de tout rien ne sentoit, mesmement quand ilz frapoient sus son froc, tant
il avuoit la peau dre. Puis le baillerent à guarder à deux archiers, et, tournans bride, ne

voirent personne contre eulx, dont exstimerent que Gargantua estoit fuy avecques sa
bande. Adonecques coururent vers les Noyrettes tant roiddement qu'ilz peurent pour les
rencontrer, et laisserent là le moyne seul avecques deux archiers de guarde. Gargantua

Le comte Tyravant et frere Jean des Entommeures.

entendit le bruit et hennissement des chevaulx, et dist à ses gens : « Compaignons,
j'entends le trac de noz ennemys, et jà apperçoy aulcuns d'iceulx qui viennent contre
nous à la foulle. Serrons nous icy, et tenons le chemin en bon ranc. Par ce moyen
nous les pourrons recepvoir à leur perte et à nostre honneur. »

Oraison contre les bouches à feu.

Chapitre XLIV

Comment le moyne se deffist de ses guardes, et comment l'escarmouche de Picrochole feut deffaicte

Le moyne, les voyant ainsi departir en desordre, conjectura qu'ilz alloient charger sus Gargantua et ses gens, et se contristoit merveilleusement de ce qu'il ne les pouvoit secourir; puis advisa la contenence de ses deux archiers de guarde, lesquelz eussent voluntiers couru

Les deux archiers eussent voluntiers couru après la troupe pour y butiner quelque chose.

après la troupe pour y butiner quelque chose, et tousjours regardoient vers la vallée en laquelle ilz descendoient. Dadvantaige syllogisoit, disant : « Ces gens icy sont bien mal exercez en faictz d'armes, car oncques ne me ont demandé ma foy et ne me ont ousté mon braquemart. »

Soubdain après tyra son dict braquemart, et en ferut l'archier qui le tenoit à dextre, luy coupant entierement les venes jugulaires et arteres spagitides du col, avecques le guarguareon, jusques ès deux adenes; et, retirant le coup, luy entreouvrit la mouelle spinale entre la seconde et tierce vertebre. Là tomba l'archier tout mort. Et le moyne, detournant son cheval à gauche, courut sus l'aultre, lequel, voyant son compaignon mort et le moyne adventaigé sus soy, cryoit à haulte voix : « Ha! Monsieur le priour, je me rendz; Monsieur le priour, mon bon amy, Monsieur le priour! » Et le moyne cryoit de mesmes : « Monsieur le posteriour, mon amy, Monsieur le posteriour, vous aurez sus voz posteres. — Ha! (disoit l'archier) Monsieur le priour, mon mignon, Monsieur le priour, que Dieu vous face abbé! — Par l'habit (disoit le moyne) que je porte, je vous feray icy cardinal. Rensonnez vous les gens de religion? Vous aurez ung chapeau rouge à ceste heure de ma main. » Et l'archier cryoit : « Monsieur le priour, Monsieur le priour, Monsieur l'abbé futur, Monsieur le cardinal, Monsieur le tout! Ha, ha, hes, non, Monsieur le priour, mon bon petit seigneur le

priour, je me rends à vous. — Et je te rends (dist le moyne) à tous les diables. » Lors
d'un coup luy tranchit la teste, luy coupant le test sus les os petrux, et enlevant
les deux os bregmatis et la commissure sagittale avecques grande partie de l'os
coronal, ce que faisant luy tranchit les deux meninges, et ouvrit profondement les
deux posterieurs ventricules du cerveau; et demoura le craine pendent sus les espaules
à la peau du pericrane par derriere,
en forme d'un bonnet doctoral noir par
dessus, rouge par dedans. Ainsi tomba
roidde mort en terre. Ce faict, le moyne
donne des esperons à son cheval et
poursuyt la voye que tenoient les
ennemys, lesquelz avoient rencontré
Gargantua et ses compaignons au
grand chemin; et tant estoient diminuez
au nombre, pour l'enorme meurtre que
y avoit faict Gargantua avecques son
grand arbre, Gymnaste, Ponocrates,
Eudemon et les aultres, qu'ilz commen-
coient soy retirer à diligence, tous
effrayez et perturbez de sens et entendement comme s'ilz veissent la propre
espece et forme de mort davant leurs
yeulx.

Toucquedillon prisonnier du moyne.

Et comme vous voyez un asne,
quand il a au cul un œstre Junonicque ou une mouche qui le poinct, courir çà et là sans
voye ny chemin, gettant sa charge par terre, rompant son frein et renes, sans aulcunement respirer ny prandre repos, et ne sçayt on qui le meut, car l'on ne veoit rien qui le
touche, ainsi fuyoient ces gens de sens desprouveuz, sans sçavoir cause de fuyr: tant
seullement les poursuit une terreur panice laquelle avoient conceue en leurs ames. Voyant
le moyne que toute leur pensée n'estoit sinon à guaigner au pied, descend de son cheval
et monte sus une grosse roche qui estoit sus le chemin, et avecques son grand braquemart frappoit sus ces fuyards à grand tour de bras sans se faindre ny espargner. Tant
en tua et mist par terre que son braquemart rompit en deux pieces. Adoncques pensa
en soy-mesmes que c'estoit assez massacré et tué, et que le reste debvoit eschapper
pour en porter les nouvelles. Pourtant saisit en son poing une hasche de ceulx qui là
gisoient mors, et se retourna derechief sus la roche, passant temps à veoir fouyr les
ennemys et cullebuter entre les corps mors, excepté que à tous faisoit laisser leurs
picques, espées, lances et hacquebutes; et ceulx qui portoient les pelerins liez, il les
mettoit à pied et delivroit leurs chevaulx ausdictz pelerins, les retenent avecques soy
l'orée de la haye, et Toucquedillon, lequel il retint prisonnier.

Puis leur feist emplir leurs beznces de vivres.

Chapitre XLV

Comment le moyne amena les pelerins, et les bonnes parolles que leur dist Grandgousier

Ceste escarmouche parachevée, se retyra Gargantua avecques ses gens, excepté le moyne, et sus la poincte du jour se rendirent à Grandgousier, lequel en son lict prioit Dieu pour leur salut et victoire. Et, les voyant tous saulfz et entiers, les embrassa de bon amour, et demanda nouvelles du moyne. Mais Gargantua luy respondit que sans doubte leurs ennemys avoient le moyne. « Ilz auront (dist Grandgousier) donecques male encontre. » Ce que avoit esté bien vray. Pourtant encores est le proverbe en usaige, de bailler le moyne à quelc'un. Adonecques commenda qu'on aprestast trèsbien à desjeuner pour les refraischir. Le tout aprest´e, l'on appella Gargantua; mais tant luy grevoit de ce que le moyne ne comparoit aulcunement qu'il ne vouloit ny boyre ny manger. Tout soubdain le moyne arrive, et, dès la porte de la basse court, s'escria : « Vin frays, vin frays, Gymnaste mon amy. » Gymnaste sortit et veit que c'estoit frere Jean qui amenoit cinq pelerins, et Toucquedillon prisonnier. Dont Gargantua sortit au davant, et luy feirent le meilleur recueil que peurent, et le menerent davant Grandgousier, lequel l'interrogea de toute son adventure. Le moyne luy disoit tout : et comment on l'avoit prins, et comment il s'estoit deffaict des archiers, et la boucherie qu'il avoit faict par le chemin, et comment il avoit recouvert les pelerins et amené le capitaine Toucquedillon.

Puis se mirent à banequeter joyeusement tous ensemble. Ce pendent Grandgousier interrogeoit les pelerins de quel pays ilz estoient, dont ilz venoient et où ilz alloient.

Tout souldain le moyne arrive.

Lasd'aller pour tous respondit:
« Seigneur, je suis de Sainct Genou en Berry.
    » Cestuy cy est de Palluau.
    » Cestuy cy est de Onzay.
    » Cestuy cy est de Argy.
    » Et c'estuy cy est de Villebrenin. Nous venons de Sainct Sebastian, près de Nantes, et nous en retournons par noz petites journées. — Voire, mais (dist Grandgousier) qu'alliez-vous faire à Sainct Sebastian? — Nous allions (dist Lasd'aller) luy offrir noz votes contre la peste.

— O (dist Grandgousier) pauvres gens, estimez vous que la peste vienne de Sainct Sebastian? — Ouy vrayement (respondit Lasd'aller), nos prescheurs nous l'afferment.

— Ouy (dist Grandgousier), les faulx prophetes vous annoncent ilz telz abuz? Blasphement ilz en ceste façon les justes et sainctz de Dieu, qu'ilz les font semblables aux diables, qui ne font que mal entre les humains, comme Homere escript que la peste fut mise en l'oust des Gregoys par Apolo, et comme les poetes faignent un grand tas de Vejoves et dieux malfaisans? Ainsi preschoit à Sinays un caphart que Sainct Antoine mettoit le feu ès jambes;

» Sainct Eutrope faisoit les hydropiques;

» Sainct Gildas les folz;

» Sainct Genou les gouttes. Mais je le puniz en tel exemple, quoy qu'il me appellast heretique, que depuis ce temps caphart quiconques n'est auzé entrer en mes terres. Et m'esbahys si vostre roy les laisse prescher par son royaulme telz scandales. Car plus sont à punir que ceulx qui par art magicque ou aultre engin auroient mis la peste par le pays. La peste ne tue que le corps, mais telz imposteurs empoisonnent les ames. »

Luy disans ces parolles, entra le moyne tout deliberé, et leurs demanda: « Don estes vous, vous aultres pauvres hayres? — De Sainct Genou, dirent ilz. — Et comment (dist le moyne) se porte l'abbé Tranchelion, le bon beuveur? Et les moynes, quelle chere font ilz? Le cor Dieu! ilz biscotent voz femmes ce pendent que estes en romivage. — Hinhen! (dist Lasd'aller) je n'ay pas peur de la mienne, car qui la verra de jour ne se rompera jà le col pour l'aller visiter la nuict. — C'est (dist le moyne) bien rentré de picques! Elle pourroit estre aussi layde que Proserpine, elle aura, par Dieu, la saccade, puisqu'il y a moynes autour: car un bon ouvrier mect indifferentement toutes pieces en œuvre. Que j'aye la verolle en cas que ne les trouviez engroissées à vostre retour: car seulement l'ombre du clochier d'une abbaye est feconde.

— C'est (dist Gargantua) comme l'eau du Nile en Egypte, si vous croyez Strabo et Pline, lib. vij, chap. iij, advise que c'est de la miche, des habitz et des corps. »

Lors dist Grandgousier: « Allez vous en, pauvres gens, au nom de Dieu le createur, lequel vous soit en guide perpetuelle. Et dorenavant ne soyez faciles à ces otieux et inutilles voyages. Entretenez voz familles, travaillez chascun en sa vacation, instruez voz enfans, et vivez comme vous enseigne le bon apostre Sainct Paoul. Ce faisans, vous aurez la garde de Dieu, des anges et des sainctz avecques vous, et n'y aura peste ny mal qui vous porte nuysance. » Puis les mena Gargantua prendre leur refection en la salle; mais les pelerins ne faisoient que souspirer, et dirent à Gargantua: « O que heureux est le pays qui a pour seigneur un tel homme! Nous sommes plus edifiez et instruictz en ces propos qu'il nous a tenu qu'en tous les sermons que jamais nous feurent preschez en nostre ville. — C'est (dist Gargantua) ce que dict Platon, *Lib. v. de Repub.*, que lors les Republiques seroient heureuses quand les roys philosopheroient, ou les philosophes regneroient. » Puis leur feist emplir leurs bezaces de vivres, leurs bouteilles de vin, et à chascun donna cheval pour soy soulager au reste du chemin, et quelques carolus pour vivre.

Toucquedillon fut présenté à Grandgousier

Chapitre XLVI

Comment Grandgousier traicta humainement Toucquedillon prisonnier

Toucquedillon fut présenté à Grandgousier et interrogé par icelluy sus l'entreprinze et affaires de Picrochole, quelle fin il pretendoit par ce tumultuaire vacarme. A quoy respondit que sa fin et sa destinée estoit de conquester tout le pays s'il povoit, pour l'injure faicte à ses fouaciers. « C'est (dist Grandgousier) trop entreprint : qui trop embrasse peu estrainct. Le temps n'est plus d'ainsi conquester les royaulmes avecques dommaige de son prochain frere christian ; ceste imitation des anciens Hercules, Alexandres, Hannibals, Scipions, Cesars et aultres telz est contraire à la profession de l'Evangile, par lequel nous est commandé guarder, saulver, regir et administrer chascun ses pays et terres, non hostilement envahir les aultres. Et ce que les Sarazins et Barbares jadis appelloient prouesses, maintenant nous appellons briguanderies et meschansetez. Mieulx eust il faict soy contenir en sa maison, royalement la gouvernant, que insulter en la mienne, hostillement la pillant : car par bien la gouverner l'eust augmentée, par me piller sera destruict. Allez vous en au nom de Dieu, suyvez bonne entreprinse, remonstrez à vostre roy les erreurs que congnoistrez, et jamais ne le conseillez ayant esgard à vostre profit particulier : car avecques le commun est aussy le propre perdu. Quand est de vostre rançzon, je vous la donne entierement, et veulx que vous soient rendues armes et cheval : ainsi fault il faire entre voisins et anciens amys, veu que ceste nostre difference n'est poinct guerre proprement.

» Comme Platon, *Lib.* v. *de Rep.*, vouloit estre non guerre nommée, ains sedition, quand les Grecz mouvoient armes les ungs contre les aultres. Ce que si par male fortune advenoit, il commande qu'on use de toute modestie. Si guerre la nommez, elle n'est que superficiaire; elle n'entre poinct au profond cabinet de noz cueurs : car nul de nous n'est oultraigé en son honneur, et n'est question, en somme totale, que de rabiller quelque faulte commise par nos gens, j'entends et vostres et nostres. Laquelle, encores que congneussiez, vous doibviez laisser couler oultre, car les personnages querelans estoient plus à contempner que à ramentevoir, mesmement leurs satisfaisant selon le grief, comme je me suis offert. Dieu sera juste estimateur de nostre different, lequel je supplye plus tost par mort me tollir de ceste vie et mes biens deperir davant mes yeulx, que par moy ny les miens en rien soit offensé. » Ces parolles achevées, appella le moyne, et davant tous luy demanda : « Frere Jan, mon bon amy, estez vous qui avez prins le capitaine Toucquedillon icy present? — Syre (dist le moyne) il est present, il a eage et discretion : j'ayme mieulx que le sachez par sa confession que par ma parolle. » Adoncques dist Toucquedillon : « Seigneur, c'est luy veritablement qui m'a prins, et je me rends son prisonnier franchement.

— L'avez-vous (dist Grandgousier au moyne) mis à rançon? — Non, dist le moyne. De cela je ne me soucie. — Combien (dist Grandgousier) vouldriez vous de sa prinse? — Rien, rien (dist le moyne); cela ne me mene pas. » Lors commenda Grandgousier que, present Toucquedillon, feussent contez au moyne soixante et deux mille saluz pour celle prinse. Ce que feut faict ce pendent qu'on feist la collation au dict Toucquedillon, auquel demanda Grandgousier s'il vouloit demourer avecques luy, ou si mieulx aymoit retourner à son roy. Toucquedillon respondit qu'il tiendroit le party lequel il luy conseilleroit. « Doncques (dist Grandgousier) retournez à vostre roy, et Dieu soit avecques vous ! » Puis luy donna une belle espée de Vienne, avecques le fourreau d'or faict à belles vignettes d'orfeverie, et un collier d'or pesant sept cens deux mille marcz, garny de fines pierreries à l'estimation de cent soixante mille ducatz, et dix mille escuz par present honorable. Après ces propos monta Toucquedillon sus son cheval. Gargantua, pour sa sureté, luy bailla trente hommes d'armes et six vingtz archiers soubz la conduite de Gymnaste, pour le mener jusques ès portes de la Roche-Clermaud, si besoing estoit. Icelluy departi, le moyne rendit à Grandgousier les soixante et deux mille salutz qu'il avoit repceu, disant: « Syre, ce n'est ores que vous doibvez faire telz dons. Attendez la fin de ceste guerre, car l'on ne sçait quelz affaires pourroient survenir ; et guerre faicte sans bonne provision d'argent n'a qu'un souspirail de vigueur.

» Les nerfz des batailles sont les pecunes. — Doncques (dist Grandgousier) à la fin je vous contenterai par honneste recompense, et tous ceulx qui me auront bien servy. »

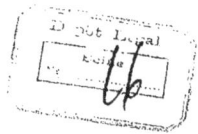

Chapitre XLVII

Comment Grandgousier manda querir ses legions, et comment Toucquedillon tua Hastiveau, puis fut tué par le commandement de Picrochole

En ces mesmes jours, ceulx de Bessé, du Marché Vieux, du bourg Sainct Jacques, du Trainneau, de Parillé, de Riviere, des Roches-Sainct-Paoul, du Vaubreton, de Pautillé, du Brehemont, du Pont de Clam, de Cravant, de Grandmont, des Bourdes, de la Ville au Mere, de Huymes, de Segré, de Hussé, de Sainct-Louant, de Panzoust, des Coldreaulx, de Verron, de Coulaines, de Chosé, de Varenes, de Bourgueil, de l'Isle-Boucard, du Croulay, de Narsay, de Candé, de Montsoreau et aultres lieux confins, envoicrent devers Grandgousier ambassades pour luy dire qu'ilz estoient advertis des tordz que luy faisoit Picrochole; et, pour leur ancienne confederation, ilz luy offroient tout leur povoir, tant de gens que d'argent et aultres munitions de guerre. L'argent de tous montoit, par les pactes qu'ilz luy

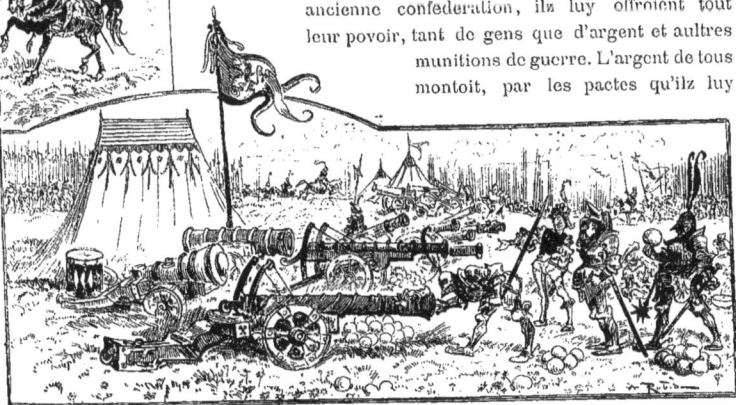

Le camp de Grandgousier.

18 — RABELAIS.   T. I.

envoyoient, six vingt quatorze millions deux escuz et demi d'or. Les gens estoient quinze mille hommes d'armes, trente et deux mille chevaux legiers, quatre vingtz neuf mille harquebousiers, cent quarante mille adventuriers, unze mille deux cens canons, doubles canons, basilicz et spiroles ; pionniers, quarante-sept mille : le tout souldoyé et avitaillé pour six moys et quatre jours. Lequel offre Gargantua ne refusa ny accepta du tout.

Mais, grandement les remerciant, dist qu'il composeroit ceste guerre par tel engin que besoing ne seroit tant empescher de gens de bien. Seulement envoya qui ameneroit en ordre les legions lesquelles entretenoit ordinairement en ses places de la Deviniere, de Chaviny, de Gravot et Quinquenays, montant en nombre deux mille cinq cens hommes d'armes, soixante et six mille hommes de pied, vingt et six mille arquebuziers, deux cens grosses pieces d'artillerye, vingt et deux mille pionniers, et six mille chevaulx legiers, tous par bandes, tant bien assorties de leurs thesauriers, de vivandiers, de mareschaulx, de armuriers et aultres gens necessaires au trac de bataille, tant bien instruictz en art militaire, tant bien armez, tant bien recongnoissans et suivans leurs

Les nerfz des batailles sont les pecunes.

enseignes, tant soubdains à entendre et obeir à leurs capitaines, tant expediez à courir, tant fors à chocquer, tant prudens à l'adventure, que mieulx ressembloient une harmonie d'orgues et concordante d'horologe q'une armée ou gensdarmerie.

Toucquedillon arrivé se presenta à Picrochole, et luy compta au long ce qu'il avoit et faict et veu. A la fin conseilloit par fortes parolles qu'on feist apoinctement avecques Grandgouzier, lequel il avoit esprouvé le plus homme de bien du monde, adjoustant que ce n'estoit ny preu ny raison molester ainsi ses voisins, desquelz jamais n'avoient eu que tout bien ; et au reguard du principal, que jamais ne sortiroient de ceste entreprinse que à leur grand dommaige et malheur, car la puissance de Picrochole n'estoit telle que aisement ne les peust Grandgousier mettre à sac. Il n'eust achevé ceste parolle que Hastiveau dist tout hault : « Bien malheureux est le prince qui est de telz gens servy, qui tant facilement sont corrompuz comme je congnoys Toucquedillon ! Car je voy son couraige tant changé, que voluntiers se feust adjoinct à noz ennemys pour contre nous batailler et nous trahir, s'ilz l'eussent voulu retenir ; mais comme vertus est de tous, tant amys que ennemys, louée et estimée, aussi meschanceté est tost congneue et suspecte. Et posé que d'icelle les ennemys se servent à leur profit, si ont ilz toujours les meschans et traistres en abhomination. »

A ces parolles, Toucquedillon, impatient, tyra son espée et en transperça Hastiveau un peu au dessus de la mammelle guauche, dont mourut incontinent. Et, tyrant son coup du corps, dist franchement : « Ainsi perisse qui féaulx serviteurs blasmera ! » Picrochole soubdain entra en fureur, et, voyant l'espée et fourreau tant diapré, dist : « Te avoit on donné ce baston pour en ma presence tuer malignement mon tant bon amy Hastiveau ? »

Lors commenda à ses archiers qu'ilz le meissent en pieces ; ce que feut faict sus l'heure tant cruellement que la chambre estoit toute pavée de sang ; puis feist honorablement inhumer le corps de Hastiveau, et celluy de Toucquedillon getter par sus les murailles en la vallée. Les nouvelles de ces oultraiges feurent sceues par toute l'armée, dont plusieurs commencerent murmurer contre Picrochole, tant que Grippeminault luy dist : « Seigneur, je ne sçay quelle yssue sera de ceste entreprinse. Je voy voz gens peu confermés en leurs couraiges. Ilz considerent que sommes icy mal pourveuz de vivres, et ja beaucoup diminuez en nombre par deux ou troys yssues.

» Davantaige, il vient grand renfort de gens à voz ennemys. Si nous sommes assiegez une foys, je ne voy poinct comment ce ne soit à nostre ruyne totale. — Bren, bren ! dist Picrochole ; vous semblez les anguillez de Melun : vous criez davant qu'on vous escorche. Laissés les seulement venir. »

Seigneur, je ne sçay quelle yssue sera
de ceste entreprinse.

En selle.

Chapitre XLVIII

Comment Gargantua assaillit Picrochole dedans la Roche-Clermaud, et defist l'armée dudist Picrochole

Gargantua eut la charge totale de l'armée; son pere demoura en son fort, et, leur donnant couraige par bonnes parolles, promist grandz dons à ceulx qui feroient quelques prouesses. Puis guaignerent le gué de Vede, et par basteaulx et pons legierement faictz passerent oultre d'une traicte. Puis, considerant l'assiette de la ville, que estoit en lieu hault et adventageux, delibera celle nuyct sus ce qu'estoit de faire. Mais Gymnaste luy dist: « Seigneur, telle est la nature et complexion des Françoys, que ilz ne valent que à la premiere poincte. Lors ilz sont pires que diables; mais s'ilz sejournent, ilz sont moins que femmes. Je suis d'advis que à l'heure presente, après que voz gens auront quelque peu respiré et repeu, faciez donner l'assault. » L'advis feut trouvé bon. Adonecques produict toute son armée en plain camp, mettant les subsides du cousté

Escalade
de la Roche-Clermaud.

de la montée. Le moyne print avecques luy six enseignes de gens de pied et deux cens
hommes d'armes, et en grande diligence traversa les marays, et gaingna au dessus le Puy
iusques au grand chemin de Loudun. Ce pendent l'assault continuoit; les gens de
Picrochole ne sçavoient si le meilleur estoit sortir hors et les recepvoir, ou bien guarder
la ville sans bouger. Mais furieusement sortit avecques quelque bande d'hommes
d'armes de sa maison, et là feut receu et festoyé à grandz coups de canon qui gresloient
devers les coustaux, dont les Gargantuistes se retirerent au val pour mieulx donner
lieu à l'artillerye. Ceulx de la ville defendoient le mieulx que povoient, mais les traictz

Picrochole furieusement sortit avecques quelque bande
d'hommes d'armes de sa maison.

passoient oultre par dessus sans nul
ferir. Aulcuns de la bande, saulvez de
l'artillerye, donnerent fierement sus nos
gens; mais peu profiterent, car tous feurent
repceuz entre les ordres, et là ruez par terre.
Ce que voyans se vouloient retirer; mais ce
pendent le moyne avoit occupé le passaige,
parquoy se mirent en fuyte sans ordre ny
maintien. Aulcuns vouloient leur donner la
chasse, mais le moyne les retint, craignant
que suyvans les fuyans perdissent leurs
rancz, et que sus ce poinct ceulx de la ville
chargeassent sus eulx. Puis, attendant quelque espace et nul ne comparant à
l'encontre, envoya le duc Phrontiste pour admonester Gargantua à ce qu'il
avanceast pour gaigner le cousteau à la gauche, pour empescher la retraicte
de Picrochole par celle porte. Ce que feist Gargantua en toute diligence, et y
envoya quatre legions de la compaignie de Sebaste; mais si tost ne peurent gaigner
le hault qu'ilz ne rencontrassent en barbe Picrochole et ceulx qui avecques luy s'estoient espars. Lors chargerent sus roiddement, toutesfoys grandement feurent endom-
maigez par ceulx qui estoient sus les murs, en coupz de traict et artillerye. Quoy voyant
Gargantua, en grande puissance alla les secourir, et commença son artillerie à hurter
sus ce quartier de murailles, tant que toute la force de la ville y feut revocquée. Le
moyne, voyant celluy cousté lequel il tenoit assiegé denué de gens et guardes, magna-
nimement tyra vers le fort, et tant feist qu'il monta sus luy, et aulcuns de ses gens,
pensant que plus de crainte et de frayeur donnent ceulx qui surviennent à un conflict

que ceulx qui lors à leur force combattent. Toutesfoys ne feist oncques effroy jusques à ce que tous les siens eussent guaigné la muraille, excepté les deux cens hommes d'armes qu'il laissa hors pour les hazars. Puis s'escria horriblement, et les siens ensemble ; et sans resistence tuerent les gardes d'icelle porte, et la ouvrirent ès hommes d'armes, et en toute fiereté coururent ensemble vers la porte de l'orient, où estoit le desarroy, et par derriere renverserent toute leur force. Voyans, les assiegez, de tous coustez les Gargantuistes avoir gaigné la ville, se rendirent au moyne à mercy. Le moyne leurs feist rendre les bastons et armes, et tous retirer et reserrer par les eglises, saisissant tous les bastons des croix et commettant gens ès portes pour les garder de yssir ; puis, ouvrant celle porte orientale, sortit au secours de Gargantua. Mais Picrochole pensoit que le secours luy venoit de la ville, et par oultrecuidance se hazarda plus que devant, jusques à ce que Gargantua s'escrya : « Frère Jan, mon amy, frere Jan, en bonne heure soyez venu! » Adoncques, congnoissant Picrochole et ses gens que tout estoit desesperé, prindrent la fuyte en tous endroictz. Gargantua les poursuyvit jusques près Vaugaudry, tuant et massacrant, puis sonna la retraicte.

Le duc Phrontiste.

Pierochole desesperé s'en fuyt vers l'Isle Bouchart.

Cĥapiƭre XLIX

Comment Picrochole fuiant feut surprins de males fortunes, et ce que feit Gargantua après la bataille

Picrochole, ainsi desesperé, s'en fuyt vers l'Isle Bouchart, et au chemin de Riviere son cheval bruncha par terre, à quoy tant feut indigné que de son espée le tua en sa chole; puis, ne trouvant personne qui le remontast, voulut prendre un asne du moulin qui là auprès estoit; mais les meusniers le meurtrirent tout de coups et le destrousserent de ses habillemens, et luy baillerent pour soy couvrir une meschante sequenye. Ainsi s'en alla le pauvre cholerique; puis, passant l'eau au Port Huaux et racontant ses males fortunes, feut advisé par une vieille Lourpidon que son royaulme luy seroit rendu à la venue des Cocquecigrues. Depuis ne sçait-on qu'il est devenu. Toutesfoys l'on m'a dict qu'il est de present pauvre gaignedenier à Lyon, cholere comme davant, et tousjours se guemente à tous estrangiers de la venue des Cocquecigrues, esperant certainement, selon la prophetie de la vieille,

Les meusniers le meurtrirent tout de coups.

estre à leur venue reintegré à son royaulme. Après leur retraicte, Gargantua premierement recensa les gens, et trouva que peu d'iceulx estoient peryz en la bataille, sçavoir est quelques gens de pied de la bande du capitaine Tolmere, et Ponocrates qui avoit un coup de harquebouze en son pourpoinct; puis les feist refraischir chascun par sa bande, et commanda ès thesauriers que ce repas leur feust

Felicitations.

defrayé et payé, et que l'on ne feist oultrage quelconques en la ville, veu qu'elle estoit sienne, et après leur repas ilz comparussent en la place davant le chasteau, et là seroient payez pour six mois, ce que feut faict. Puis feist convenir davant soy en ladicte place tous ceulx qui là restoient de la part de Picrochole, esquelz, presens tous ses princes et capitaines, parla comme s'ensuit :

Feut advisé que son royaulme luy seroit rendu
à la venue des Cocquecigrues.

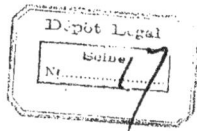

Les vaincus.

Chapitre L

La contion que feist Gargantua ès vaincus

« Nos peres, ayeulx et ancestres, de toute memoyre ont esté de ce sens et de ceste nature, que des batailles par eulx consommées ont pour signe memorial des triumphes et victoires plus voluntiers erigé trophées et monumens ès cueurs des vaincuz par grace que ès terres par eulx conquestées par architecture : car plus esti- moient la vive souvenance des humains acquise par liberalité que la mute inscription des arcs, colomnes et pyramides, subjecte ès calamitez de l'air et envie d'un chascun. Souvenir assez vous peut de la mansuetude dont ilz userent envers les Bretons à la journée de Sainct-Aubin du Cormier et à la demolition de Parthenay. Vous avez entendu, et entendent admirez le bon traictement qu'ilz feirent ès barbares de Spagnola, qui avoient pillé, depopulé et saccaigé les fins maritimes de Olone et Thalmondoys.

» Tout ce ciel a esté remply des louanges et gratulations que vous-mesmes et vos peres feistes lors que Alpharbal, roy de Canarre, non assovy de ses fortunes, envahyt furieusement le pays de Onys, exerçent la piraticque en toutes les isles armoricques et regions confines. Il feut en juste bataille navale prins et vaincu de mon pere, auquel Dieu soit garde et protecteur. Mais quoy ? Au cas que les aultres roys et empereurs, voire qui se font nommer catholicques, l'eussent miserablement traicté, durement emprisonné et rançonné extremement, il le traicta courtoisement, amiablement, le logea avecques soy en son palays, et par incroyable debonnaireté le renvoya en saufconduyt, chargé de dons, chargé de graces, chargé de toutes offices d'amytié. Qu'en est-il advenu ? Lay, retourné en ses terres, feist assembler tous les princes et Estatz de son royaulme, leurs exposa l'humanité qu'il avoit en nous cogneu, et les pria sur ce deliberer en façon que le monde y eust exemple, comme avoit jà en nous de graciousté honeste, aussi en eulx de honesteté gracieuse. Là feut decreté par consentement unanime que l'on offreroit entierement leurs terres, dommaines et royaulme, à en faire selon nostre arbitre.

Par incroyable debonnaireté, il le renvoya en saufconduyt.

» Alpharbal, en propre personne, soubdain retourna avecques neuf mille trente et huyt grandes naufz oneraires, menant non seulement les thesors de sa maison et lignée royalle, mais presque de tout le pays: car soy embarquant pour faire voille au vent vesten nord-est, chascun à la foulle gettoit dedans icelles or, argent, bagues, joyaulx, espiceries, drogues et odeurs aromaticques, papegays, pelicans, guenons, civettes, genettes, porcz-espicz. Poinct n'estoit filz de bonne mere reputé qui dedans ne gettast ce que avoit de singulier. Arrivé que feut, vouloit baiser les piedz de mondict pere : le faict feut estimé indigne et ne feut toleré, ains fut embrassé socialement; offrit ses presens : ilz ne feurent receupz par trop estre excessifz; se donna mancipe et serf voluntaire, soy et sa posterité: ce ne feut accepté, par ne sembler equitable; ceda par le decret des Estatz ses terres et royaulme, offrant la transaction et transport signé, scellé et ratifié de tous ceulx qui faire le debvoient : ce fut totalement refusé, et les contractz gettés au feu. La fin feut que mon dict pere commença lamenter de pitié et pleurer copieusement, considerant le franc vouloir et simplicité des Canarriens, et par motz exquis et sentences congrues diminuoit le bon tour qu'il leur avoit faict, disant ne leur avoir faict bien qui feut à l'estimation d'un bouton, et si rien d'honnesteté leur avoit monstré, il estoit tenu de ce faire. Mais tant plus l'augmentoit Alpharbal. Quelle feut l'yssue? En lieu que pour sa rançon, prinze à toute extremité, eussions peu tyrannicquement exiger vingt foys cent mille escutz, et retenir pour houstaigers ses enfans aisnez, ilz se sont faictz tributaires perpetuelz, et obligez nous bailler par chascun an deux millions d'or affiné à vingt quatre karatz. Ilz nous feurent l'année premiere icy payez; la seconde, de franc vouloir, en payerent vingt trois cens mille escuz; la tierce vingt six cens mille, la quarte troys millions, et tant tousjours croissent de leur bon gré que serons contrainctz leurs inhiber de rien plus nous apporter. C'est la nature de gratuité, car le temps, qui toutes choses ronge et diminue, augmente et accroist les biensfaictz, parce qu'un bon tour liberalement faict à homme de raison croist continuement par noble pensée et remembrance. Ne voulant doncques aulcunement degenerer de la debonnaireté hereditaire de mes parens, maintenant je vous absoluz et delivre, et vous rends francs et liberes comme par avant.

» D'abondant, serez à l'yssue des portes payez chascun pour troys moys, pour vous pouvoir retirer en voz maisons et familles, et vous conduiront en saulveté six cens hommes d'armes et huyct mille hommes de pié, soubz la conduicte de mon escuyer Alexandre, affin que par les paysans ne soyez oultragez. Dieu soit avecques vous! Je regrette de tout mon cueur que n'est icy Picrochole, car je luy eusse donné à entendre que sans mon vouloir, sans espoir de accroistre ny mon bien ny mon nom, estoit faicte ceste guerre. Mais puis qu'il est esperdu, et ne sçait on où ny comment est esvanoui, je veulx que son royaulme demeure entier à son filz, lequel, par ce qu'est par trop bas d'eage (car il n'a encores cinq ans accomplyz), sera gouverné et instruict par les anciens princes et gens sçavans du royaulme. Et par autant qu'un royaulme ainsi desolé seroit facilement ruiné si on ne refrenoit la convoytise et avarice des administrateurs d'icelluy, je ordonne et veulx que Ponocrates soit sus tous ses gouverneurs entendant, avecques auctorité à ce requise, et assidu avecques l'enfant jusques à ce qu'il le congnoistra idoine de povoir par soy regir et regner. Je considere que facilité trop enervée et dissolue de pardonner ès malfaisans leur est occasion de plus legierement derechief mal faire par ceste pernicieuse confiance de grace. Je considere que Moyse, le plus doulx homme qui de son temps feust sus la terre, aigrement punissoit les mutins et seditieux on peuple de Israel. Je considere que Jules Cesar, empereur tant debonnaire que de luy dict Ciceron que sa fortune rien plus souverain n'avoit, sinon qu'il pouvoit, et sa vertus meilleur n'avoit, sinon qu'il vouloit tousjours sauver et pardonner à un chascun, icelluy toutesfoys, ce non obstant, en certains endroictz punit rigoureusement les aucteurs de rebellion. A ces exemples je veulx que me livrez avant le departir: premierement, ce beau Marquet, qui a esté source et cause premiere de ceste guerre par sa vaine oultrecuidance; secondement, ses compaignons fouaciers, qui feurent negligens de corriger sa teste folle sus l'instant; et finablement tous les conseilliers, capitaines, officiers et domestiques de Picrochole lesquelz le auroient incité, loué ou conseillé de sortir ses limites pour ainsi nous inquieter. »

A chascun d'iceulx donna
à perpetuité ses chasteaulx
et terres voizines.

Comment les victeurs gargantuistes feurent recompensez après la bataille

Ceste concion faicte par Gargantua, feurent livrez les seditieux par luy requis, exceptez Spadassin, Merdaille et Menuail, lesquelz estoient fuyz six heures davant la bataille, l'un jusques au col de Laignel d'une traicte, l'aultre jusque au val de Vyre, l'aultre jusques à Logroine, sans derriere soy reguarder ny prandre alaine par chemin, et deux fouaciers, lesquelz perirent en la journée. Aultre mal ne leurs feist Gargantua, sinon qu'il les ordonna pour tirer les presses à son imprimerie, laquelle il avoit nouvellement instituée. Puis ceulx qui là estoient mors il feist honorablement inhumer en la vallée des Noirettes et au camp de Bruslevieille. Les navrés il feist panser et traicter en son grand Nosocome. Après advisa ès dommaiges faictz en la ville et habitans, et les feist rembourcer de tous leurs interestz à leur confession et serment, et y feist bastir un fort chasteau, y commettant gens et guet pour à l'advenir mieulx soy defendre contre les soubdaines esmeutes.

Au departir, remercia gratieusement tous les soubdars de ses legions qui avoient esté à ceste defaicte, et les renvoya hyverner en leurs stations et guarnisons, exceptez aulcuns de la legion decumane, lesquelz il avoit veu en la journée faire quelques prouesses, et les capitaines des bandes, lesquelz il amena avecques soy devers Grandgousier.

A la veue et venue d'iceulx, le bon homme feut tant joyeux que possible ne seroit le descripre. Adonc leurs feist un festin le plus magnificque, le plus abundant et plus delicieux que feust veu depuis le temps du roy Assuere. A l'issue de table il distribua à chascun d'iceulx tout le parement de son buffet, qui estoit au poys de dis huyt cent mille quatorze bezans d'or en grands vases d'antique, grands potz, grands bassins, grands tasses, couppes, potetz, candelabres, calathes, nacelles, violiers, drageouoirs et aultre telle vaisselle toute d'or massif, oultre la pierrerie, esmail et ouvraige, qui, par estime de tous, excedoit en pris la matiere d'iceulx ; plus, leurs feist compter de ses coffres à chascun douze cens mille escutz contens, et d'abundant à chascun d'iceulx donna à perpetuité (excepté s'ilz mouroient sans hoirs) ses chasteaulx et terres voizines, selon que plus leurs estoient commodes. A Ponocrates donna la Rocheclermaud, à Gymnaste le Couldray, à Eudemon Montpensier, le Rivau à Tolmere, à Ithybole Montsoreau, à Acamas Candé, Varenes à Chironacte, Gravot à Sebaste, Quinquenais à Alexandre, Ligré à Sophrone, et ainsi de ses aultres places.

Chapître LII

Comment Gargantua feist bastir pour le moyne l'abbaye de Theleme

Restoit seulement le moyne à pourvoir, lequel Gargantua vouloit faire abbé de Seuillé; mais il le refusa. Il luy voulut donner l'abbaye de Bourgueil ou de Sainct Florent, laquelle mieulx luy duiroit, ou toutes deux s'il les prenoit à gré; mais le moyne luy fist responce peremptoire que de moynes il ne vouloit charge ny gouvernement : « Car comment (disoit-il) pourroy je gouverner aultruy, qui moy mesmes gouverner ne sçaurois? Si vous semble que je vous aye faict et que puisse à l'advenir faire service agreable, oultroyez-moy de fonder une abbaye à mon devis. » La demande pleut à Gargantua, et offrit tout son pays de Theleme, jouste la riviere de Loyre, à deux lieues de la grande forest du Port-Huault; et requist à Gargantua qu'il instituast sa religion au contraire de toutes aultres. « Premierement doncques (dist Gargantua), il n'y fauldra jà bastir murailles au circuit, car toutes aultres abbayes sont fierement murées. — Voyre, dist le moyne, non sans cause : où

Dons et recompenses.

mur y a et davant et derriere, y a force murmur, envie et conspiration mutue. » Davantaige, veu que en certains convents de ce monde est en usance que, si femme aulcune y entre (j'entends des preudes et pudicques), on nettoye la place par laquelle elles ont passé, feut ordonné que si religieux ou religieuse y entroit par cas fortuit, on nettoiroit curieusement tous les lieux par lesquelz auroient passé. Et parce que ès religions de ce monde tout est compassé, limité et reglé par heures, feut decreté que là ne seroit horrologe ny quadrant aulcun, mais selon les occasions et oportunitez seroient toutes les œuvres dispensées : car (disoit Gargantua) la plus vraye perte du temps qu'il sceust estoit de compter les heures (Quel bien en vient il ?), et la plus grande resverie du monde estoit soy gouverner au son d'une cloche, et non au dicté de bon sens et entendement. Item, parce qu'en icelluy temps on ne mettoit en religion des femmes sinon celles qui estoient borgnes, boyteuses, bossues, laydes, defaictes, folles, insensées, maleficiées et tarées, ny les hommes sinon catarrez, mal nez, niays et empesche de maison (« A propos, dist le moyne, une femme qui n'est ny belle ny bonne, à quoi vault toille? — A mettre en religion, dist Gargantua. — Voyre, dist le moyne, et à faire des chemises », feut ordonné

que là ne seroient repceues sinon les belles, bien formées et bien naturées, et les beaulx, bien formez et bien naturez. Item, parce que ès conventz des femmes ne entroient les hommes si non à l'emblée et clandestinement, feut decreté que jà ne seroient là les femmes au cas que n'y feussent les hommes, ny les hommes en cas que n'y feussent les femmes. Item, parce que tant hommes que femmes, une foys repceuez en religion après l'an de probation, estoient forcez et astrinctz y demeurer perpetuellement leur vie durante, feust estably que tant hommes que femmes là repceuz sortiroient quand bon leurs sembleroit,

Là ne seroient repceues sinon les belles, bien formées et bien naturées.

franchement et entierement. Item, parce que ordinairement les religieux faisoient troys veuz, sçavoir est, de chasteté, pauvreté et obedience, fut constitué que là honorablement on peult estre marié, que chascun feut riche et vesquist en liberté. Au reguard de l'eage legitime, les femmes y estoient repceues depuis dix jusques à quinze ans, les hommes depuis douze jusques à dix et huict.

Chapitre LIII

Comment feut bastie et dotée l'abbaye des Thelemites

Pour le bastiment et assortiment de l'abbaye, Gargantua feist livrer de content vingt et sept cent mille huyt cent trente et un moutons à la grand laine, et par chascun an, jusques à ce que le tout feust parfaict, assigna sus la recepte de la Dive seze cent soixante et neuf mille escuz au soleil, et aultant à l'estoille poussiniere. Pour la fondation et entretenement d'icelle donna à perpetuité vingt troys cent soixante-neuf mille cinq cens quatorze nobles à la rose de rente fonciere, indemnez, amortyz et solvables par chascun an à la porte de l'abbaye; et de ce leur passa belles lettres. Le bastiment feut en figure exagone, en telle façon que à chascun angle estoit bastie une grosse tour ronde à la capacité de soixante pas en diametre; et estoient toutes pareilles en grosseur et protraict. La riviere de Loyre decoulloit sus l'aspect de septentrion. Au pied d'icelle estoit une des tours

Six hommes d'armes, la lance sus la cuisse, povoient de front ensemble monter.

assise, nommée Artice; et tirant vers l'orient estoit une aultre nommée Calaer, l'aultre ensuivant Anatole, l'aultre après Mesembrine, l'aultre après Hesperie, la derniere Cryere. Entre chascune tour estoit espace de troys cent douze pas. Le tout basty à six estages, comprenent les caves soubz terre pour un. Le second estoit voulté à la forme d'une anse de panier. Le reste estoit embrunché de guy de Flandres à forme de culz de lampes, le dessus couvert d'ardoize fine, avec l'endousseure de plomb à figures de petitz manequins et animaulx bien assortiz et dorez, avec les goutieres que yssoient hors la muraille, entre les croyzées, pinctes en figure diagonale de or et azur, jusques en terre, où finissoient en grands eschenaulx qui tous conduisoient en la riviere par dessoubz le logis.

Ledict bastiment estoit cent foys plus magnificque que n'est Bonivet, ne Chambourg, ne Chantilly : car en icelluy estoient neuf mille troys cens trente et deux chambres, chascune guarnie de arriere-chambre, cabinet, guarderobbe, chapelle et yssue en une grande salle. Entre chascune tour, au mylieu dudict corps de logis, estoit une viz brizée dedans icelluy mesme corps, de laquelle les marches estoient part de porphyre, part de pierre numidicque, part de marbre serpentin, longues de vingt deux piedz; l'espesseur estoit de troys doigtz; l'assiete par nombre de douze entre chascun repous. En chascun repous estoient deux beaulx arceaulx d'antique par lesquelz estoit receu la clarté, et par iceulx on entroit en un cabinet faict à clerevoys, de largeur de ladicte viz, et montoit jusques au dessus la couverture, et là finoit en pavillon. Par icelle viz on entroit de chascun cousté en une grande salle, et des salles ès chambres. Depuis la tour Artice jusques à Cryere estoient les belles grandes librairies en grec, latin, hebrieu, françoys, tuscan et hespaignol, disparties par les divers estaiges selon iceulx langaiges. Au mylieu estoit une merveilleuse viz de laquelle l'entrée estoit par le dehors du logis en un arceau large de six toizes. Icelle estoit faicte en telle symmetrie et capacité, que six hommes d'armes, la lance sus la cuisse, povoient de front ensemble monter jusques au dessus de tout le bastiment. Depuis la tour Anatole jusques à Mesembrine estoient belles grandes galleries toutes pinctes des antiques prouesses, histoires et descriptions de la terre. Au milieu estoit une pareille montée et porte comme avons dict du cousté de la riviere. Sus icelle porte estoit escript en grosses lettres antiques ce que s'ensuit.

Depuis la tour Anatole jusques à Mesembrine estoient belles grandes galleries.

Vieulx matagots, marmiteux borsouflez...

Chapitre LIV

Inscription mise sus la grande porte de Theleme

Cy n'entrez pas, hypocrites, bigotz,
Vieulx matagots, marmiteux borsouflez,
Torcoulx, badaulx, plus que n'estoient les Gotz
Ny Ostrogotz, precurseurs des Magotz;
Haires, cagotz, cafars empantouflez,
Gueux mitouflez, frapars escorniflez,
Befflez, enflez, fagoteurs de tabus,
Tirez ailleurs pour vendre voz abus.

Voz abus meschans
Rempliroient mes champs
De meschanceté,
Et par faulseté
Troubleroient mes chans
Vos abus meschans.

Clers, basauchiens, mangeurs
du populaire...

Cy n'entrez pas, maschefains praticiens,
Clers, basauchiens, mangeurs du populaire,
Officiaulx, scribes et pharisiens,
Juges anciens, qui les bons parroiciens
Ainsi que chiens mettez au capulaire.
Vostre salaire est au patibulaire;
Allez y braire : icy n'est faict excès
Dont en voz cours on deust mouvoir procès.

Procès et debatz
Peu font cy d'ebatz,
Où l'on vient s'esbatre ;
A vous pour debatre
Soyent en pleins cabatz
Procès et debatz.

Cy n'entrez pas, vous, usuriers chichars,
Briffaulx, leschars qui tousjours amassez;
Grippeminaulx, avalleurs de frimars,
Courbez, camars, qui en vos coquemars
De mille marcs jà n'auriez assez;
Poinct esguassez n'estes quand cabassez
Et entassez, poiltrons à chicheface.
La male mort en ce pas vous deface.

Face non humaine
De telz gens qu'on maine
Faire ailleurs : ceans
Ne seroit seans.
Vuidez ce dommaine,
Face non humaine.

Grippeminaulx, avalleurs de frimars . .

Cy n'entrez pas, vous, rassotez mastins,
Soirs ny matins, vieux chagrins et jaloux;
Ny vous aussi, seditieux mutins,
Larves, lutins, de Dangier palatins,
Grecz ou Latins, plus à craindre que loups;
Ny vous, gualous, verollez jusqu'à l'ous :
Portez voz loups ailleurs paistre en bonheur.
Crousteleve remplis de deshonneur.

Honneur, los, deduict,
Ceans est desduict
Par joyeux accords.
Tous sont sains au corps :
Par ce bien leur duict
Honneur, los, deduict.

Cy n'entrez pas, vous, rassotez mastins.

Cy entrez, vous, et bien soyez venuz
Et parvenuz, tous nobles chevaliers;
Cy est le lieu où sont les revenuz
Bien advenuz, afin que entretenuz,
Grands et menuz, tous soyez à milliers.
Mes familiers serez et peculiers,
Frisques, gualliers, joyeux, plaisans, mignons,
En general tous gentilz compaignons.

Compaignons gentilz,
Serains et subtilz,
Hors de vilité,
De civilité
Cy son les oustilz
Compaignons gentilz.

Frisques, gualliers, joyeux,
plaisans, mignons...

Cy entrez, vous qui le sainct Evangile
En sens agile annoncez, quoy qu'on grenle ;
Céans aurez un refuge et bastille
Contre l'hostile erreur qui tant postille
Par son faulx stile empoizonner le monde ;
Entrez, qu'on fonde icy la foy profonde,
Puis qu'on confonde, et par voix et par rolle,
Les ennemys de la saincte parolle.

La parolle saincte
Jà ne soit extaincte
En ce lieu tressainct :
Chascun en soit ceinct ;
Chascune aye enceincte
La parolle saincte.

Entrez, qu'on fonde icy
la foy profonde.

Cy entrez, vous, dames de hault paraige,
En franc couraige entrez-y en bon heur,
Fleurs de beaulté à celeste visaige,
A droit corsaige, à maintien prude et saige ;
En ce passaige est le sejour d'honneur :
Le hault seigneur qui du lieu feut donneur
Et guerdonneur, pour vous l'a ordonné,
Et pour frayer à tout prou or donné.

Or donné par don
Ordonne pardon
A cil qui le donne,
Et tresbien guerdonne
Tout mortel preud'hom
Or donné par don.

Fleurs de beaulté à celeste visaige.

Chapitre LV

Comment estoit le manoir des Thelemites

Au milieu de la basse court estoit une fontaine magnificque de bel alabastre; au dessus les troys Graces avecques cornes d'abondance, et gettoient l'eau par les mammelles, bouche, aureilles, yeulx et aultres ouvertures du corps.

Le dedans du logis sus la dicte basse court estoit sus gros pilliers de cassidoine et porphyre, à beaulx ars d'antique, au dedans desquelz estoient belles gualeries longues et amples, aornées de pinctures, et cornes de cerfz, licornes, rhinoceros, hippopo-

Les bains mirificques à triple solier.

tames, dens de elephans et aultres choses spectables. Le logis des dames comprenoit depuis la tour Artice jusques à la porte Mesembrine. Les hommes occupoient le reste. Devant ledict logis des dames, affin qu'elles eussent l'esbatement, entre les deux premieres tours, au dehors, estoient les lices, l'hippodrome, le theatre et natatoires, avecques les bains mirificques à triple solier, bien garniz de tous assortemens et foyzon d'eau de myre. Jouxte la riviere estoit le beau jardin de plaisance; au millieu d'icelluy le beau labirynte. Entre les deux aultres tours estoient les jeux de paulme et de grosse balle. Du costé de la tour Cryere estoit le vergier, plein de tous arbres fructiers, toutes ordonnées en ordre quincunce. Au bout estoit le grand parc, foizonnant en toute sauvagine. Entre les tierces tours estoient les butes pour l'arquebuse, l'arc et l'arbaleste; les offices hors la tour Hesperie, à simple estaige; l'escuyre au delà des offices; la faulconnerie au davant d'icelles, gouvernée par asturciers bien expers en l'art; et estoit annuellement fournie par Candiens, Venitiens et Sarmates, de toutes sortes d'oiseaulx paragons, aigles, gerfaulx, autours, sacres, laniers, faulcons, esparviers, esmerillons et aultres, tant bien faictz et domestiquez, que, partans du chasteau pour s'esbatre ès champs, prenoient tout ce que rencontroient. La venerie estoit un peu plus loing tyrant vers le parc.

Toutes les salles, chambres et cabinetz estoient tapissez en diver-

Devant le logis des dames, affin qu'elles eussent l'esbatement, estoient les lices.

ses sortes, selon les saisons de l'année. Tout le pavé estoit couvert de drap verd. Les lictz estoient de broderie. En chascune arriere chambre estoit un miroir de christallin, enchassé en or fin, au tour garny de perles, et estoit de telle grandeur qu'il povoit veritablement representer toute la personne. A l'issue des salles du logis des dames estoient les parfumeurs et testonneurs, par les mains desquelz passoient les hommes quand ilz visitoient les dames. Iceulx fournissoient par chascun matin les chambres des dames d'eau rose, d'eau de naphe, d'eau d'ange, et à chascune la precieuse cassollette vaporante de toutes drogues aromatiques.

Jeux de paulme.

Chapitre LVI

Comment estoient vestuz les religieux et religieuses de Theleme

Les dames, au commencement de la fondation, se habilloient à leur plaisir et arbitre.
Depuis feurent reforméez par leur franc vouloir
en la façon que s'ensuyt : Elles portoient
chausses d'escarlatte, ou de migraine, et
passoient lesdictes chausses le genoul au
dessus par troys doigtz justement. Et ceste
liziere estoit de quelques belles broderies et
descoupures. Les jartieres estoient de la couleur de leurs bracelletz et comprenoient le
genoul au dessus et dessoubz.

Les souliers, escarpins et pantoufles de
velours cramoizi, rouge ou violet, deschicquet-
tées à barbe d'escrevisse.

L'acoustrement d'une religieuse de Theleme.

Au dessus de la chemise vestoient la belle vasquine de quelque beau camelot de
soye; sus icelle vestoient la verdugale de tafetas blanc, rouge, tanné, grys, etc. Au
dessus la cotte de tafetas d'argent faict à broderies de fin or, et à l'aguille entortillé,
ou selon que bon leur sembloit, et correspondent à la disposition de l'air, de satin,
damas, velours, orangé, tanné, verd, cendré, bleu, jaune, clair, rouge, cramoyzi, blanc,
drap d'or, toille d'argent, de canetille, de brodure, selon les festes. Les robbes, selon
la saison, de toile d'or à frizure d'argent, de satin rouge couvert de canetille d'or, de
tafetas blanc, bleu, noir, tanné, sarge de soye, camelot de soye, velours, drap d'argent,
toille d'argent, or traict, velours ou satin porfilé d'or en diverses protraictures. En
esté, quelques jours, en lieu de robbes portoient belles marlottes des parures susdictes,
ou quelques bernes à la moresque, de velours violet à frizure d'or sus canetille
d'argent, ou à cordelieres d'or guarnies aux rencontres de petites perles indicques. Et
tousjours le beau panache, selon les couleurs des manchons, et bien guarny de
papillettes d'or. En hyver, robbes de tafetas des couleurs comme dessus, fourrées de
loups cerviers, genettes noires, martres de Calabre, zibelines, et aultres fourrures
precieuses. Les patenostres, anneaulx, jazerans, carcans, estoient de fines pierreries,
escarboucles, rubys, balays, diamans, saphiz, esmeraudes, turquoyzes, grenatz,
agathes, berilles, perles et unions d'excellence.

L'acoustrement de la teste estoit selon le temps. En hyver à la mode françoyse, au printemps à l'espagnole, en esté à la tusque. Exceptez les festes et dimanches, esquelz portoient accoustrement françoys, par ce qu'il est plus honorable et mieulx sent la pudicité matronale. Les hommes estoient habillez à leur mode : chausses pour le bas d'estamet, ou serge drapée, d'escarlatte, de migraine, blanc ou noir. Les hault de velours d'icelles couleurs, ou bien près approchantes, brodées et deschicquetées selon leur invention. Le pourpoint de drap d'or, d'argent, de velours, satin, damas, tafetas, de mesmes couleurs, deschicquettés, brodez et accoustrez en paragon; les aguillettes de soye de mesmes couleurs, les fers d'or bien esmaillez; les sayez et chamarres de drap d'or, toille d'or, drap d'argent, velours porfilé à plaisir; les robbes autant precieuses comme des dames; les ceinctures de soye, des couleurs du pourpoinct; chascun la belle espée au cousté, la poignée dorée, le fourreau de velours de la couleur des chausses, le bout d'or et de orfevrerie, le poignart de mesmes.

Le bonnet de velours noir, garny de force bagues et boutons d'or; la plume blanche par dessus mignonnement partie à paillettes d'or, au bout desquelles pendoient en papillettes beaulx rubiz, esmerauldes, etc. Mais telle sympathie estoit entre les hommes et les femmes, que par chascun jour ilz estoient vestuz de semblable parure; et pour à ce ne faillir estoient certains gentilz hommes ordonnez pour dire ès hommes, par chascun matin, quelle livrée les dames vouloient en icelle journée porter, car le tout estoit faict selon l'arbitre des dames. En ces vestemens tant propres et accoustremens tant riches, ne pensez que eulx ny elles perdissent temps aulcun: car les maistres des garderobbes avoient toute la vesture tant preste par chascun matin, et les dames de chambres tant bien estoient aprinses, que en un moment elles estoient prestes et habillez de pied en cap.

Et pour iceulx accoustremens avoir en meilleur oportunité, au tour du boys de Theleme estoit un grand corps de maison long de demye lieue, bien clair et assorty, en laquelle demouroient les orfevres, lapidaires, brodeurs, tailleurs, tireurs d'or,

Les robbes, selon la saison, de toile d'or à frizure d'argent.

Pourpoints deschicquettés, brodez et accoustrez en paragon.

veloutiers, tapissiers et aultelissiers, et là œuvroient chascun de son mestier, et le tout pour les susdictz religieux et religieuses.

Esbatement ès champs.

Iceulx estoient fourniz de matiere et estoffe par les mains du seigneur Nausiclete, equel par chascun an leurs rendoit sept navires des isles de Perlas et Canibales, chargées de lingotz d'or, de soye crue, de perles et pierreries. Si quelques unions tendoient à vetusté et changeoient de naïfve blancheur, icelles par leur art renouvelloient en les donnant à manger à quelques beaux cocqs, comme on baille cure ès faulcons.

Chapitre LVII

Comment estoient reiglez les Thelemites à leur maniere de vivre

Toute leur vie estoit employée non par loix, statuz ou reigles, mais selon leur vouloir et franc arbitre ; se levoient du lict quand bon leur sembloit, beuvoient, mangeoient, travailloient, dormoient quand le desir leur venoit. Nul ne les esveilloit, nul ne les parforceoit ny à boyre, ny à manger, ny à faire chose aultre quelconcques. Ainsi l'avoit estably Gargantua. En leur reigle n'estoit que ceste clause :

FAY CE QUE VOULDRAS,

parce que gens liberes, bien nez, bien instruictz, conversans en compaignies honnestes, ont par nature un instinct et aguillon qui tousjours les poulse à faictz vertueux et retire de vice, lequel ilz nommoient honneur. Iceulx, quand par vile subjection et contraincte sont deprimez et asserviz, detournent la noble affection par laquelle à vertuz franchement tendoient, à deposer et enfraindre ce joug de servitude : car nous entreprenons tousjours choses deffendues et convoitons ce que nous est denié.

Par ceste liberté entrerent en louable emulation de faire tous ce que à un seul voyoient plaire. Si quelq'un ou quelq'une disoit : « Beuvons, » tous buvoient. Si disoit: « Jouons », tous jouoient. Si disoit : « Allons à l'esbat ès champs, » tous y alloient. Si c'estoit pour voller ou chasser, les dames, montées sus belles hacquenées

Tourelle du manoir des Thelemites.

avecques leurs palefroy gourrier, sus le poing mignonnement enguantelé portoient chascune ou un esparvier, ou un laneret, ou un esmerillon. Les hommes portoient les aultres oyseaulx.

Tant noblement estoient apprins qu'il n'estoit entre eux celluy ne celle qui ne sceust lire, escripre, chanter, jouer d'instrumens harmonieux, parler de cinq et six languaiges, et en iceulx composer tant en carme que en oraison solue.

Jamais ne feurent veuz chevaliers tant preux, tant gualans, tant dextres à pied et à cheval, plus vers, mieulx remuans, mieulx manians tous bastons, que là estoient; jamais ne feurent veues dames tant propres, tant mignonnes, moins fascheuses, plus doctes à la main, à l'agueille, à tout acte muliebre honneste et libere, que là estoient.

Par ceste raison, quand le temps venu estoit que aulcun d'icelle abbaye, ou à la requeste de ses parens, ou pour aultres causes, voulust issir hors, avecques soy il emmenoit une des dames, celle laquelle l'auroit prins pour son devot, et estoient ensemble mariez; et si bien avoient vescu à Theleme en devotion et amytié, encore mieulx la continuoient ilz en mariaige; d'autant se entreaymoient ilz à la fin de leurs jours comme le premier de leurs nopces. Je ne veulx oublier vous descripre un enigme qui fut trouvé aux fondemens de l'abbaye en une grande lame de bronze. Tel estoit comme s'ensuyt :

Avecques soy il emmenoit une des dames.

Enigme.

Chapitre LVIII

Enigme en prophetie

Pauvres humains qui bon heur attendez,
Levez vos cœurs et mes dictz entendez.
S'il est permis de croyre fermement
Que par les corps qui sont au firmament
Humain esprit de soy puisse advenir
A prononcer les choses à venir,
Ou si l'on peut par divine puissance
Du sort futur avoir la congnoissance,
Tant que l'on juge en asseuré discours
Des ans loingtains la destinée et cours,
Je fois sçavoir à qui le veult entendre
Que cest hyver prochain, sans plus attendre,
Voire plus tost, en ce lieu où nous sommes
Il sortira une maniere d'hommes,
Las du repoz et faschez du sejour,
Qui franchement iront, et de plein jour,
Subourner gens de toutes qualitez
A different et partialitez.
Et qui vouldra les croyre et escouter
(Quoy qu'il en doibve advenir et couster),
Ilz feront mettre en debatz apparentz
Amys entre eulx et les proches parents :

Le filz hardy ne craindra l'impropere
De se bender contre son propre pere;
Mesmes les grandz de noble lieu sailliz
De leurs subjectz se verront assailliz,
Et le debvoir d'honneur et reverence
Perdra pour lors tout ordre et difference,
Car ilz diront que chascun à son tour
Doibt aller hault, et puis faire retour,
Et sur ce poinct aura tant de meslées,
Tant de discordz, venues et allées,

A Theleme.

Que nulle histoyre où sont les grands merveilles
A faict recit d'esmotions pareilles.
Lors se verra maint homme de valeur,
Par l'esguillon de jeunesse et chaleur,
Et croire trop ce fervent appetit,
Mourir en fleur et vivre bien petit.
Et ne pourra nul laisser cest ouvrage,
Si une fois il y met le couraige,
Qu'il n'ayt emply par noises et debatz
Le ciel de bruit et la terre de pas.

Alors auront non moindre authorité
Hommes sans foy que gens de verité :
Car tous suyvront la creance et estude
De l'ignorante et sotte multitude,
Dont le plus lourd sera receu pour juge.
O dommaigeable et penible deluge !
Deluge (dy-je) et à bonne raison,
Car ce travail ne perdra sa saison
N'y n'en sera delivrée la terre
Jusques à tant qu'il en sorte à grand erre
Soubdaines eaux, dont les plus attrempez
En combatant seront pris et trempez.
Et à bon droict, car leur cueur, adonné
A ce combat, n'aura point perdonné
Mesme aux troppeaux des innocentes bestes,
Que de leurs nerfz et boyaulx deshonnestes
Il ne soit faict, non aux dieux sacrifice,
Mais aux mortelz ordinaire service.
Or maintenant je vous laisse penser
Comment le tout se pourra dispenser
Et quel repoz en noise si profonde
Aura le corps de la machine ronde.
Les plus heureux, qui plus d'elle tiendront,
Moins de la perdre et gaster s'abstiendront,
Et tascheront en plus d'une maniere
A l'asservir et rendre prisonniere
En tel endroict, que la pauvre deffaicte
N'aura recours que à celluy qui l'a faicte ;
Et, pour le pis de son triste accident,
Le clair soleil, ains que estre en Occident,
Lairra espandre obscurité sur elle
Plus que d'eclipse ou de nuyct naturelle,
Dont en un coup perdra sa liberté
Et du haut ciel la faveur et clarté,
Ou pour le moins demeurera deserte.
Mais elle, avant ceste ruyne et perte,
Aura longtemps monstré sensiblement
Un violent et si grand tremblement,
Que lors Ethna ne feust tant agitée
Quand sur un filz de Titan fut jectée ;
Et plus soubdain ne doibt estre estimé
Le mouvement que feit Inarimé
Quand Tiphœus si fort se despita
Que dens la mer les montz precipita.
Ainsi sera en peu d'heure rangée
A triste estat, et si souvent changée,
Que mesme ceulx qui tenue l'auront
Aux survenans occuper la lairront.
Lors sera près le temps bon et propice
De mettre fin à ce long exercice :

Car les grands caulx dont oyez deviser
Feront chascun la retraicte adviser;
Et toutesfoys, devant le partement,
On pourra veoir en l'air apertement
L'aspre chaleur d'une grand flamme esprise
Pour mettre à fin les eaux et l'entreprise.

Gallerie superieure du logis des dames.

Reste en après ces accidens parfaictz
Que les esleuz joyeusement refaictz
Soient de tous biens et de manne celeste,
Et d'abondant par recompense honneste
Enrichiz soyent; les aultres en la fin
Soient denuez: c'est la raison, affin
Que, ce travail en tel poinct terminé,
Ung chascun ayt son sort predestiné.
Tel feut l'accord. O qu'est à reverer
Cil qui en fin pourra perseverer!

La lecture de cestuy monument parachevée, Gargantua souspira profondement, et dist ès assistans :

« Ce n'est de maintenant que les gens reduitz à la creance evangelique sont persecutez ; mais bien heureux est celluy qui ne sera scandalizé, et qui tousjours tendra au but, au blanc que Dieu, par son cher filz, nous a prefix, sans par ses affections charnelles estre distraict ny diverty. » Le moyne dist : « Que pensez vous, en vostre entendement, estre par cest enigme designé et signifié ? — Quoy ? dist Gargantua : le decours et maintien de verité divine. — Par sainct Goderan (dist le moyne), telle n'est mon exposition ; le stille est de Merlin le prophete. Donnez y allegories et intelligences tant graves que vouldrez, et y ravassez, vous et tout le monde, ainsy que vouldrez. De ma part, je n'y pense aultre sens enclous qu'une description du jeu de paulme soubz obscures parolles. Les suborneurs de gens sont les faiseurs de parties, qui sont ordinairement amys ; et après les deux chasses faictes, sort hors le jeu celluy qui y estoit et l'aultre y entre. On croyt le premier qui dict si l'esteuf est sus ou soubz la chorde. Les caulx sont les sueurs ; les chordes des raquettes sont faictes de boyaux de moutons ou de chevres ; la machine ronde est la pelote ou l'esteuf. Après le jeu, on se refraischit devant un clair feu, et change l'on de chemise ; et voluntiers banquete l'on, mais plus joyeusement ceulx qui ont guaingné. Et grand chere ! »

FIN DU LIVRE PREMIER